何以知彼

美军净评估历史与实践

李 健 尚子絜 编著

上海远东出版社

图书在版编目(CIP)数据

何以知彼:美军净评估历史与实践/李健,尚子絜
编著.--上海:上海远东出版社,2025.-- ISBN 978
- 7 - 5476 - 2151 - 6

Ⅰ. E712.1

中国国家版本馆 CIP 数据核字第 20257SU730 号

责任编辑　　王　�

封面设计　　李　廉

何以知彼:美军净评估历史与实践

李　健　　尚子絜　　编著

出　　版　上海遠東出版社
　　　　　　(201101　上海市闵行区号景路 159 弄 C 座)
发　　行　上海人民出版社发行中心
印　　刷　上海信老印刷厂
开　　本　890×1240　1/32
印　　张　4.875
插　　页　1
字　　数　90,000
版　　次　2025 年 7 月第 1 版
印　　次　2025 年 7 月第 1 次印刷
ISBN 978 - 7 - 5476 - 2151 - 6/E・23
定　　价　38.00 元

目　　录

序

　　净评估兴起于冷战之初的美国，美国国会1947年通过的《国家安全法案》提出了清晰阐述"国家安全战略"的需求，为此，明确要求建立相应的竞争性评估程序，并将评估美国军事潜力的需求作为国家安全委员会的首要任务。该程序经过国家安全委员会特别评价（净评价）子委员会等机构断续运作二十多年的"净能力评估"和"净影响评估"实践之后，又通过安德鲁·马歇尔等人的理论梳理与架构创建，1973年正式成为美国国家净评估程序，相关机构与功能随即转移到美国国防部。数十年来，在《美国法典》、美国总统命令、美国国防部指令的加持与强制之下，美国净评估机制与净评估网络日臻完善，净评估作业运行井然有序，并引起了世界主要国家与地区的高度关注。

　　大约在1979年中美建交之后，随着两国军事交往的增多，美国净评估相关理念与做法陆续传入中国境内，只不过当时所见文献资料甚少，一些翻译人员误将其翻译为基本评估、综合评估、全面评估、最终评估、网络评估、纯评估等，在一定程度上影响了人们对于"净"字内涵的挖掘与思考，以至

1

没有引起相关部门和人员的足够重视，是为遗憾。

二十世纪末，本人调入专业军事科研机构工作，最初接触到的是美国《四年防务审查（1997）》《快速决定性作战》《基于效果作战》和《恐怖的海峡》等涉及净评估的文献资料，后来在领导和同事们的帮助下，陆续阅读了美国一些解密文献资料，并看到了中国台湾地区一些净评估著作，受益匪浅。在此期间，通过《外国军事学术》杂志，结识了知远战略与防务研究所李健所长，得以时常交流研习心得，渐入此行，并坚持以毛泽东军事辩证法思想的视角看待美国净评估，专司二者比较与对接研究。

近日，有幸得到李健、尚子絜所著《何以知彼：美军净评估历史与实践》的书稿，他们在国内首次对安德鲁·马歇尔及其净评估办公室情况，以及美国净评估理论方法与实践应用情况，公开进行了比较系统的梳理研究，仔细阅读之后，感到现实价值意义重大。按照"先求有、次求好、再求更好"的原则，虽因种种原因，某些故事和细节未能全部收录其中，但是毕竟这是一个非常好的开始，可喜可贺。

"众人拾柴火焰高"，诚望读者诸君，以此为原点，继续前行，为净评估的"再中国化"，做出更大的贡献！

易本胜

原中国人民解放军军事科学院研究员

2025 年 5 月 1 日

前　　言

"军事学术要研究的问题很多,概括起来就是研究敌我双方。对敌方的研究,不仅仅是研究其军事方面,也要研究其政治、经济诸情况。在军事上,要研究其军事装备、战略战术、指挥特点、作战经验、战史战例和不断组织的各种演习,同时也要研究其发表的各种文章。对自己的研究,则要研究过去的经验,现在的发展,找出今后对付敌人的办法。"

——1981 年,徐向前元帅《答〈军事学术〉编辑部问》

可以说,徐向前元帅用通俗易懂的寥寥数语,揭示了战略评估的内涵与本质,以及战略问题研究方法论的"模型"。无独有偶,大洋彼岸的同行,同样在战略研究和战略评估领域不断摸索前行。在美国战略界广为人知的"净评估"(Net Assessment)经过几十年的沉淀与发展,在很大程度上满足了徐帅所言的研究模型需求,并对美军长期战略规划产生了巨大影响。以至于原中国人民解放军军事科学院易本胜研究员对此意味深长地评论道:"美军净评估在本质属性上仍是评估,但它没有局限于评估,而是既搞诊断,又开处方,涵盖了'判断性的净评估'和'预测性的长远计划''指示性的战略发展'等方面的众多要素，实际成为美军战略与政策制定、规划与计划的核心支撑和基本过程。在美军，包括国防部部长办公厅，各军种部，参联会主席办公室与联合参谋部，各作战司令部，国防部监察办公室、各业务局、各野战机构和其他内部组织实体，都要从事净评估工作，或组织开展，或以某种形式参与。"

从公开可见信息来看，国内最早涉及净评估的应是军事科学院战略部陈伯江研究员，他1998年3月在美国进行客座研究时，曾拜访过美国国防部净评估办公室，并与安德鲁·马歇尔有过面对面的交流。国内最早的净评估报告相关作品，应是2000年军事科学院外军部翻译的兰德公司《恐怖的海峡》；最早正式发表的关于净评估的文章，应是《解放军报》于2002年2月6日第9版发表的苏恩泽《战略新宠——净评估》一文。

如今二十多年过去了，国内涉及净评估的研究成果依然不多，并且仅存在于如军事科学院等少数专业机构之中。关于净评估方面的专著，除世界知识出版社2017年出版的《最后的武士：安德鲁·马歇尔与美国现代国防战略的形成》中译本，以及上海人民出版社2023年4月出版的《净评估与军事战略：回顾与前瞻》中译本外，在中国大陆地区尚未见其他净评估研究专著出版。与净评估紧密相关的专著也仅有时事出版社出版的《大战略评估：战略环境分析与判断》和《太空战略评估》等少数作品。

知远战略与防务研究所自二十一世纪初开始持续跟踪研究净评估相关内容，先后发表了《美国国防部净评估办公室及净评估特征》《美国军事实力的源流：战略管理与规划能力》《美国国防部净评估办公室涉华研究报告类型分析》等多篇专业文章，并于 2019 年 7 月 6 日在上海举办了以净评估为主题的防务论坛——净评估方法与实践学术研讨会，在一定程度上促进了国内净评估研究的发展。

本书尝试从组织机制到方法工具再到实践经验对美军净评估进行全貌描述，以为国内战略研究界同仁提供一些可靠的理论基础和见解。本书分为三大部分：第一部分聚焦美军净评估思想和行使净评估职能的机构的形成历史，第二部分从概念和理论上详细介绍净评估分析框架，第三部分采用几个具体案例对净评估的历史实践进行说明。

希望本书能为中国的净评估理论和事业发展献上一点微薄之力。

李　健

2025 年 5 月 1 日

第一章
马歇尔与净评估办公室

第一节　净评估需求的起源

早在净评估办公室成立之前，美国战略界对净评估这种思想方法的需求就已存在了很长时间。

一、新时代，新需求

在第二次世界大战前，美国人并没有战略评估的习惯。虽然在二十世纪早期，美国陆军和海军也会定期制订战争计划，从国家的使命任务出发进行敌我双方的兵力对比，再提出可供选择的行动方案。然而，白宫和国务院的领导人并不重视为军方提供政治指导，军方做计划时预设的高层政治意图往往带有揣测的成分，因此这一时期美国的军方战略与国家政策之间也存在一定的脱节情况。不仅如此，美军各军种的战略规划也缺乏相互协调，对军事工业和技术的探索通常只有军事装备部门关心，而甚少与战略问题相联系。此外，负责威胁评估的情报部门和负责己方能力评估的作战部门采用不同的评估标准，往往使最终的评估结果有失客观。这些情况直接导致当时美国的战争计划基本停留在战术层面，而不会探讨目标与手段的关系、大国间的不对称性、不同领域的优先性以及盟友在战争中的作用等重要战略问题。

在第二次世界大战期间，由于战争的需要，英美有关方面曾尝试运用现代科学来帮助决策层对作战问题进行评估。当时英美召集了一些科学家，要求他们制定某些用于军事作战评估的系统方案，如评估能最大程度保护潜艇的护航配置，评估保护商船免受空袭的最佳方法，评估雷达的最佳使用方法等，现代运筹学也由此而诞生。

第二次世界大战结束之后，出现了两极化世界以及美苏之间的长期竞争。这种安全环境的变化迫使美国、苏联乃至其他很多国家都不得不重新评估新的安全环境和展望未来安全形势。也正是在这样一种大背景下，各国都逐渐意识到自己需要有新的分析方法和理论框架来应对新的安全环境。

特别是随着人类进入核时代，核武器从根本上改变了人们对战争的预期，核时代的早期军事打击可能对整个军队和社会都是致命和决定性的，因此需要提前考虑危机管理和恢复预案。核时代新型军事技术（如氢弹、战术核弹头、弹道导弹等）的发展，也对评估提出了更加专业、复杂和细致的要求（如如何评估非对称的攻击和防御能力、核常两用的武器系统等）。

鉴于此,于1947年7月26日正式生效的美国《国家安全法案》明确指示由国家安全委员会负责评估美国的潜在军事能力。美国国家安全委员会也认识到比较分析苏联进攻性威胁和美国防御力量的必要性,以及建设跨部门评估能力的重要性,该委员会还尤其认识到应将情报部门对苏联核力量/空中力量的"毛能力"考察与参谋长联席会议(以下视情况简称为"参联会")对美国战争能力的相关军事建议充分结合起来进行考虑。

在上述背景下,时任美国总统艾森豪威尔下令设置了隶属于国家安全委员会的跨部门评估机构——净评价子委员会,负责评估苏联对美国本土和海外军事基地实施打击的净能力,并提交年度报告,分析美苏核交战的净影响(包括人员、军事资产和工业资源的损失)①。这个部门的办公地点设置在五角大楼,主要成员包括各军种参谋人员、中情局官员和国务院等其他部门的文职人员。

事实上,核时代在很大程度上意味着无核时代军事传统的被颠覆以及科技对军事事务越来越重大的影响,这就要求文官更深入地参与军事事务,而国防部部长这个文官岗位在此时便显得尤为重要。在此之前,美国国防部部长仅作为分

---

① 这里已经暗含了净评估之"净"的含义,单独评估一方的军事能力和打击影响等得到的是"毛"评估结果,并不反映真实交战中的情况,只有将两方的军事能力和打击影响等放在一套评估指标体系中进行对比分析才能称为"净"评估。

配给军事部门的国家资源的"掌勺人"负责实施预算。但二战之后美国越来越需要国防部部长能理解、评价和甄别战略概念，以便在制定预算、兵力结构、采购计划，乃至在制定战争计划及核与军控条约时具备决策能力。到了肯尼迪总统时期，美国对国防部部长的职责要求变得更加清晰。肯尼迪明确表示国防部部长不仅肩负执行政府预算的任务，还要积极参与武器装备的选择和战略制定等决策工作，以使五角大楼的预算与战略部署重点相适应。简言之，为了实现文官对军队更好的领导，政府需要一位不倚重军事经验且能担当总战略家角色的国防部部长，而如此高要求且繁重的工作无法仅凭国防部部长一人独立完成，因此必须加强对国防部参谋团队的建设。

二、系统分析法

1961 年，肯尼迪任命麦克纳马拉为美国国防部部长，他很快就引爆了国防部内的系统分析革命。

麦克纳马拉出身哈佛商学院，擅长用统计学和量化方法管理大型组织，二战后一直供职于福特汽车公司并最终出任总裁。他将福特汽车公司的商业管理模式引入国防部，设立了 PPBS（规划-计划-预算）系统以更好地制定和掌控预算，使军队预算与军事规划和战略目标相适应。麦克纳马拉为人个性极强，在其任上将 PPBS 系统推崇到极致，视预算为作战计划的量化表达。他还仿照福特公司引入了双链管理系统,让作战部队沿一条指挥链展开,其他支持活动沿另一条指挥链展开。由他设立并领导的系统分析办公室①便在这后一个链条上发挥主要作用。值得一提的是,这个系统分析办公室在当时被很多人称为"善于分析的警察",在国防部与各军种和参联会之间制造了不少矛盾。

麦克纳马拉主推的系统分析法(后或简称"系统分析")主张系统性调查目标的恰当性,在可行的情况下量化比较与备选政策相关的成本、效能和风险,如果发现被分析的项目不合格,则制定其他替代方案帮助决策者选择行动方针。该方法将分析重点转向威胁和任务对国防投入的需求,偏好使用量化方法对复杂的军事和战略问题实施分析。

但业界对系统分析法的运用实效也一直存在争议,特别是它过于注重量化分析,以至于只注重分析可量化的因素,而经常忽略一些不能或者很难量化的因素。基辛格就曾这样评论麦克纳马拉和他的系统分析法:"他过于强调国防规划中量化分析方面的重要性。通过忽视心理和政治等无形的因素,他试图在其国防规划中准确预测形势。而这种想法其实是不切实际的,并且给我们与盟友的关系带来了很多不必要的紧张。他的那些年轻又急功近利的下属,把他们的道德信念隐藏在看上去很客观的分析方法后面。他们的方法

---

① 该办公室负责对军力和武器项目等重大决策开展成本效益分析,在众多方案中选出以最小成本达成目标的方案,或是通过分析为国防部部长提供更多备选方案。

有一个问题，就是他们已经为其提出的问题预设了答案，而这些答案致使我们的军事技术长期停滞不前。"但即便如此，在得到时任国防部部长的极力推广后，系统分析法在美国防务界很快成为必备技能，任何人想要进入决策层或是升职都不得不对其有所了解。

麦克纳马拉的个人风格给身处五角大楼的净评价子委员会的工作带来了不利影响。当时，大部分肯尼迪政府的高级文官都支持摆脱艾森豪威尔时期过度依赖核武器的战略思维，从大规模报复战略转向有限战争、灵活应对和冲突管理，但不少军界人士则认为当时的指挥控制能力还不足以支持文官的这种设想。净评价子委员会作为一个跨机构组建的联合部门夹在中间处于尴尬境地，麦克纳马拉也对其相关报告的研究方法和结果表示不满意。同时，在以量化研究方法主导计划活动的双链管理系统中，他认为国防部和参联会的研究项目已经足够详细具体，而净评价子委员会的研究成果则被认为过于简单，不足以为计划活动提供支撑。因此，在麦克纳马拉的建议下，美国政府于 1965 年解散了净评价子委员会。

客观而言，运筹学和系统分析法作为决策支持系统自有其优势，但这些分析方法关注的是武器系统采办和军力结构，而很少关注形成双方竞争条件的国际局势和不同战略文化的影响。事实上，早在二十世纪五十年代末，美国政府的部分领导和分析人员就开始对东西方关系产生担忧，认为政府对东西方竞争系长期竞争这个本质问题缺乏重视。这些人认为无论是国防部还是政府其他决策机构做出的国家安全决策,都过于重视武器系统方面的短期决策,而缺乏对其他一些长期问题的重视。例如,美军和外军存在哪些长期的优势和弱点?这将会对美国长期和短期的竞争能力产生什么影响?美国的哪些优势和弱点是系统性和长期性的?哪些是美国新的正在形成的优势和弱点?美国领导人对美国同他国之间不断发展的军事关系是否有足够认识?这些军事关系存在哪些长期发展趋势?美国与他国军事能力的长期相对趋势是否已经纳入政府分析的总体范畴?

与此同时,麦克纳马拉任防长期间力推的 PPBS 系统虽然加强了美国国防部特别是国防部文官对军事事务的参与和决策,但作为"善于分析的警察",他所领导的系统分析办公室的工作带有审查和监督性质,实际上加深了国防部与军种之间的嫌隙。此外,虽然 PPBS 系统以战略为先导并结合了评估和反馈程序,但其侧重点主要还是预算问题,因此在实践和发展的过程中实际上被视为一种预算制定工具,而不是规划和计划程序。它对预算的强调同时也强化了军队重视物质层面兵力结构的倾向,而弱化了军队在更广泛的战略层面的规划问题。同时,PPBS 系统与美国政府决策的固定周期紧密相连,因而也不免易于僵化,难以摆脱政府的短期需求。因此,在净评价子委员会解散之后,呼吁重新设立类似机构的声音从未停止。1968 年,时任总统对外情报顾问委员会主席的泰勒将军曾向约翰逊总统指出重启对美苏两国战略力量对比周期性评估的重要性，即美国"需要对美苏两国进攻性与防御性力量的构成、可靠性、有效性与脆弱性进行对比评估……还需要对美苏两国的城市-工业结构进行详细研究，以评估战略打击可能给城市工业目标带来的影响……下一步就是要构建一种或多种战争想定，以考察美国与潜在敌国在核战争中的交互行为及其可能带来的影响"。这些都为净评估思想方法的诞生和发展提供了需求前提。

第二节　马歇尔的早期探索

一、早年经历

安德鲁·马歇尔于 1921 年出生于美国底特律，他自幼有着很强的好奇心并热爱阅读，其阅读涉及棋牌、数学、文学、哲学、历史和军事等领域。中学毕业后，马歇尔进入底特律某技术学校学习，这所学校在传授工艺技术的同时，还提供数学和化学等学科教育。第二次世界大战结束后，马歇尔被芝加哥大学研究生院录取并攻读经济学。在整个受教育阶段，马歇尔始终保持着对其他领域的好奇心和自学习惯，不仅自己研读各种军事和历史领域的书籍，还追读军事史学家的新闻专栏。此外，马歇尔对数学有浓厚兴趣，在芝加哥大学读书期间还选修了数学和统计学相关课程。

结束在芝加哥大学的经济学研究生生涯后，马歇尔经其统计学课程导师推荐，于1949年前往兰德公司就职，并在那里工作了二十年。同样是在1949年，苏联打破美国垄断成功试爆原子弹，美苏两国进入研发氢弹的新竞赛，美国对苏联的担忧日渐加深。

当时的兰德公司人才济济，不仅有一批科学家和工程师研究先进的军事技术，而且有很多社会科学人才处理非科技领域的问题，判定新技术的价值（兰德公司还为此成立了经济和社会科学部）。在马歇尔加入时，兰德已成为美国核战略人才基地，并在二十世纪五十年代后期成为为美国制定美苏对抗核战略提供咨询的重要机构之一。

1954年，马歇尔成为兰德公司战略目标委员会的一员，该委员会在公司内部确定了未来十年在核战略上应当探索的问题。委员会认为到二十世纪六十年代中期，美国的核垄断优势将逐渐消失，美苏核武器储备都将达到数千件，核弹头将变得更加轻便，足以用战术飞机和导弹携带发射，洲际弹道导弹系统也将得到部署，因此美国战略政策的首要目标应该是应对来自苏联的突然袭击。

此时的马歇尔认识到苏联将在各领域不断追赶，甚至会在未来某个时刻在某些领域超越美国，并由此认为美苏竞争将愈演愈烈和长久持续下去。正因为有了这一基本判断，马歇尔才坚信只有对美苏战略平衡开展细致的评估，美国才能更清晰地进行自我定位，更有效地利用资源，并制定更高效的竞争战略。

马歇尔还充分认识到数据分析的重要性，认为分析人员应在扎实的数学和统计学基础上，培养在缺少可靠信息并充满不确定性因素的环境下展开分析和决策的能力。事实上，马歇尔初入兰德时的工作内容就是统计和数据分析，他在兰德的第一项任务就是跟随导帅戈德哈默研究美国人精神和心理疾病的发病率。同一时期，他还在华盛顿大学接受了统计学的继续教育，为其授课的高级统计学教授库尔贝克是一名前军方密码破译员，曾在第二次世界大战期间供职于美国陆军信号情报局，这也为马歇尔了解专业情报工作提供了窗口。

此外，也是在兰德工作期间，马歇尔接触到了兵棋推演。当时在兰德公司内部流行一种源自德国的克里斯皮尔棋游戏，而这种棋正是现代兵棋推演的鼻祖。后来戈德哈默又以此为灵感制作了一种可模拟美苏冲突由小规模冲突扩大至大规模核战争的全过程的战略兵棋游戏，马歇尔也参与了此款游戏规则的改良，并由此深切体会到兵棋推演辅助分析和决策的优势——就一个问题进行足够多次的反复推演有助于发展出优秀的战略。这为他后来在净评估工作中广泛采取兵棋推演法埋下了伏笔。

同时，马歇尔也逐渐认识到选择正确的性能指标和分析方法的重要性。例如，根据这套战略兵棋游戏最初的游戏规则,玩家为了获得军事胜利往往优先考虑如何阻挡苏军进攻西欧的步伐,并倾向于在战争早期就使用核武器,却不考虑苏联对等使用核武力可能对美国经济造成的损害。因此,马歇尔和他的同事们在游戏改良过程中纳入了更多指标来提高游戏的现实性和价值,特别是增加了要求玩家避免核战争对经济造成损害的指标。此外,在分析评估美国战略空军的兵力态势时,多数兰德分析师更注重战略空军轰炸机部队的构成和计算不同组合的成本效益——这也是麦克纳马拉所倡导的系统分析法的核心。但事实上影响战略空军最终作战效果的并非只有武器系统性能或相应军费开支,而是还有美国战略空军基地与苏联目标之间的航空距离、攻击苏联空防系统的介入点、美国基地的后勤资源和苏联可以对美国基地实施攻击的位置等其他影响因素。由此,马歇尔也逐渐认识到系统分析法本身的局限性,以及尽可能选取更多维的评估指标的重要性。

二、动态战略分析法和长期战略竞争思想

马歇尔在芝加哥大学进修经济学时,当时的主流经济学学派新古典经济学以理性选择为核心假设,即假设个体能够获得周围环境的充分信息,并能经过完美计算做出符合利益最大化的选择和决定。而他却发现根据理性选择理论假说建立的数学模型预测的结果常常与经济现实不符。后来,在弗兰克·奈特(芝加哥学派创始人)和赫伯特·西蒙(后获诺

贝尔经济学奖)的讲座中,马歇尔接触到了有限理性学说,从理论上完善了对完全理性假设在解读具体现实方面局限性的认识。

进入兰德公司后,马歇尔发现这种依赖理性选择模型的习惯也广泛存在于从事安全研究的个人和组织中。当时,兰德公司的分析师大多将苏联假设为一个明智的决策者,也就是说苏联的重大军事决策都是经过智者深思熟虑的。如此假设排除了对苏联历史、行为方式、军事原则和组织复杂性等因素的考察,从而可以减少不确定性,简化对苏联行为的预测。按照这种方式思考,有兰德报告认为苏联人会选择在美国战略轰炸机打击半径以外的内陆深处建立自己的轰炸机基地。然而,1955 年马歇尔和同事洛夫特斯在接受了协助空军对苏联核突袭进行预警的任务,并由此获得了查阅官方高等级通信情报的许可后却发现,兰德公司之前的分析结论和实际情况相去甚远,苏军大量轰炸机基地位于美国战略轰炸机的打击半径之内。二人还进一步把其他美国分析者对苏联的预测同苏联的实际情况进行了比较,最后发现基于理性选择模型的预测往往与实际不符。

马歇尔和洛夫斯特决定发掘更好的分析模型,两人在研究之后认为苏联的行为是由庞大的官僚机构决策所决定的,遂在 1956 年底建立了"苏联军事"项目,鼓励并协助兰德分析师从苏联组织机构的官僚主义角度出发,思考并预测其核武力。此后,马歇尔还与戈德哈默合作建立了某种实用矩阵,用以研究国家战略威慑和生存能力之间的关系。他在研究中结合了自己对组织行为学的兴趣,并邀请一位专门研究过苏共行为模式的同事协助自己分析苏联行为。该研究最终包括了美国战略空军在苏联攻击中的生存率和苏联方面对该生存率的预测,以及美国的战略选择和结果的实用价值等诸多指标,并在1959年形成了题为《全面战争中的威慑和战略(1959~1961)》的报告,这份报告实际上开创了一种新的评估军事竞争形势的分析方法。

进入二十世纪六十年代,马歇尔逐渐意识到美苏双方的战略决策都受各自决策者所在的既得利益团体和官僚主义的影响,因此愈发觉得应从有限理性而不是从完全理性的角度来理解苏联的行为和组织体系。当时,以西蒙为代表的行为经济学派进一步发展了有限理性的观点并从政治学、社会学、经济学和社会心理学的角度研究组织,马歇尔也利用其研究成果更好地理解了苏联在有限理性条件下的战略竞争行为。同时,马歇尔还寻求其他研究大型组织决策问题的美国学者的合作与帮助,市面上对公司等大型组织的行为研究成果也进入了他的视野。

人们通常认为组织的行为模式就是高层形成(理性)战略决策后就传达给下属直接执行,但事实是官僚组织会在信息处理的过程中影响组织的战略决策形成。简单说就是组织中的个人和小团体会有自己有意无意的想法或利益计算,会在选择和制造信息的过程中相互斗争、协商和妥协,在此情况下形成的组织决策往往不是对组织而言的最优解，而是差不多就行。不仅如此，随着对组织行为研究的深入，马歇尔还注意到了商业策略，他研究了如何运用自身优势挤走对手、占据市场，最终垄断某个产品或经营领域的商业策略，并主张将这种思想应用于军事领域。

1965 年，马歇尔继续推动将组织行为理论纳入防务研究范畴，并与兰德同事施莱辛格（后担任美国国防部部长）一起讨论了多个研究项目，包括理性选择的局限、组织内部矛盾、决策过程中的动机限制等。他们甚至还研究了动物行为学，因为他们认为人类获取和占有领地的行为或许与动物一样是自然选择的过程，因此可以用动物行为学来解释战争行为。最终他们认定，相比追求效益最大化的理性选择模型，国防研究与战略制定中的非理性要素不可忽视，这些因素对遏制美苏核战争以及延续两国的和平竞争有重要影响。同年，马歇尔牵头组建了由哈佛大学历史学家厄欧内斯特·梅担任主席的"梅小组"，专门讨论组织与官僚主义对政策的影响。小组研究发现政府决策者的最初预期往往与政府行为的最终结果有差距，并由此对决策过程的理性选择模型、组织过程和官僚政治模型进行了验证。

到了此时，马歇尔已经坚信兰德公司需要放弃系统分析法。事实上，当麦克纳马拉在国防部大刀阔斧推行系统分析法时，兰德公司也被深度卷入，兰德经济部门的负责人希契被招募为国防部审计官，还有一批兰德成员成为麦克纳马拉的幕僚。虽然马歇尔置身漩涡之外,但他仍然担心人们会过分依赖系统分析法。他认为系统分析法不能分析一些非量化因素(如文化、认知、士气、战术等),但事实上很多战斗甚至战争的结果都是由非量化因素决定的。因此,马歇尔等人强烈要求从组织行为角度研究情报问题,认为只有用有限理性选择模型替代理性选择模型才能更好地预测未来苏联的军事态势,才能为美国选择武器系统/兵力部署方案并遏制冲突提供支持。

要达到这些目的就必须有效评估美苏之间的相对军事能力,马歇尔于1966年发布了其经典作品《论军事力量评估中存在的问题》,其中的观点集中体现了他多年来对现行军事力量评估方法的反思。

首先,他明确指出要评估美国军事力量不能只单方面考察美国,只有经过与其他国家的比较得出的结论才有现实意义,特别是要考察美军在各类事件中应对他国军队的能力。

其次,他对单纯使用量化指标衡量军力的方法提出质疑。系统分析法是基于统计学和定量分析的工具,在实施研究时往往局限于用"数豆子"的方法计算敌对双方国家人口的规模、军事服役年限、武装部队规模和国防预算规模,更详细的还会具体到每个军种不同类型师级单位的数量和预备役力量。类似的还有对军事潜力的研究,系统分析法以动员能力为基础用"数豆子"的方法计算和评估支持和供应部队的人力和工业能力。马歇尔认为这里存在一个认知偏差,这些评估报告只是在描述兵力，而没有尝试计算或评估两国或两个联盟具体交战的结果，计算现役人数、武器和编制数量并不能反映战时的实际军力。马歇尔在文章中指出，在对军队的标准化描述和评估军事力量的标准化方法之间是存在概念差异的，前者可以是后者的基础，但两者绝不能等同。

最后，马歇尔指出要评估美国的军事力量必须依托三项要素：一是美国当前及未来的军事态势，二是潜在对手当前及未来的态势，三是一系列具体冲突事件中的交战结果。在预测对手未来的军事态势时，他再次指出以往的研究过于看重决策者的想法，而忽略了决策实际上是在大型官僚机构中产生的。要预测政府/军队官僚机构的行为，最重要的是针对此类组织开发可靠的决策流程模型，输出并记录可用的假设，最好结合有限理性的多重目标过程，而不是完全理性的单一目标过程。同时，第三项要素中的具体事件不仅要包括事件的地理位置，还要包括对战争如何开始的想定和其他各种有关美国和对手当前及未来可获得的军事技术的假设。比起"数豆子"和其他抽象的理论研究方法，马歇尔更愿意尝试多因素的经验研究方法，他认为地缘政治关系、基地可用性、后勤补给等对战争结果有重大影响的因素都应被纳入评估范畴。

就这样，经过在兰德公司的二十年积累，马歇尔最终创立了动态战略分析法，与系统分析法相比，该方法主张考虑更多的宏观战略标尺，如对手的目标、文化、战略等非量化因素,技术发展和天气等难以控制的因素,以及变动因素的长期变化趋势和竞争双方的不对称性等;该方法依据经验研究方法选取军力衡量标准,进而基于这些标准评估美国和潜在对手的当前军事态势,并依据组织行为理论预测美国和潜在对手的未来军事态势。

时间再倒回到二十世纪五十年代,此时东西方阵营热战的危险已因双方均拥有核武器这一客观事实而大大降低了。不过,即便世界由于核平衡而获得了相对和平,但美国仍担心苏联会采取迂回策略在全球范围内逐渐增加自身影响力而损害美国的利益。因此,美国方面逐渐有一些分析人员开始思考美国同苏联在和平时期的竞争战略。例如早在1954年的一份报告中,马歇尔和希契等人就建议美国政府开始考虑同苏联在和平时期的长期竞争。

1962年的古巴导弹危机差点导致美苏热战,危机过后美国决策者和民众进一步认识到保持美苏关系稳定的重要性,加之越南战争对美国国内的影响也使尼克松等人意识到继续同苏联保持对抗会在国内失去人心。因此,美国政府在二十世纪六十年代末开始实施缓解对苏紧张关系的缓和政策。即便如此,当时仍有一些美国人认为如果美国能够以强硬的方式同苏联展开全面竞争,苏联最终会放弃和退缩,这些人中就包括施莱辛格。施莱辛格从兰德公司出来后进入了美国政府工作,并一路当上了中央情报局局长和国防部部长。担任国防部部长后不久,他就明确了部门目标,即保持一个强大的国防部门，保证军力平衡以确保充分的威慑和长期的和平，并且要针对潜在对手不断增强竞争力。也正是在这种背景下，施莱辛格将净评估办公室转隶至国防部，并委托马歇尔来评估美苏平衡及研究美国如何在长期竞争中获胜。

马歇尔对美苏之间这场长期竞争的看法有别于当时的很多人，他认为鉴于捉襟见肘的财政预算，美国不应一直追求比对手更高的绝对投入，或者总是试图获得绝对优势。相反，他认为更应该注重发现苏联的相对弱点和美国的相对优势并加以利用。这也是他学习了商业战略并与商业领域专家讨论后，结合国防领域现实所产生的想法。马歇尔对长期战略竞争的思考也成为二十世纪八十年代美国对苏竞争战略的理论基础之一，甚至后来美国"抵消战略"的基本思路也与这种"寻找相对优势，避免在己方不擅长的领域开展竞争"的理念有密切关系。

第三节　净评估办公室

尼克松政府上台时，美国经济正处于下行阶段，越南战争成为美国巨大的拖累，同时苏联核力量快速发展，美苏开始展开包括限制进攻性战略武器、中欧裁军、限制核武器试验等主题在内的一系列军控谈判，因此美国官方对美苏两国比较性评估的需求更为突出。时任国家安全顾问基辛格邀请马歇尔前往国家安全委员会担任其情报顾问并加入特别国防委员会,负责研究军控谈判问题并向总统提供建议。从马歇尔的角度来看,要研究军控问题就不得不考虑美国在与苏联的军备竞赛中处于何种位置,这就需要分析双方的核心军事平衡和长期军事态势,而这项任务最终就落在马歇尔肩上,他本人也视这次工作为第一次事实上的净评估。

一、净评估办公室的缘起和成立

1969 年 7 月,尼克松上任不久就组织了一个"蓝丝带"国防小组,专门负责审查国防部的组织管理、研究和采办工作并提出建议。为了获得全新视角的建议,小组成员全部来自国防部以外,因此大多不熟悉国防部的运作。他们在一年后提交的最终报告里指出,国防部部长需要随时得到对美国和外国军事力量比较研究与评估的结果,以便识别美国军事力量现有和潜在的不足与失衡,但国防部缺少一个负责对美国和外国军事力量开展客观净评估的机构,也没有根据美国及其盟友相对敌人的能力和局限性来综合分析现有和推荐项目的机制。此外,国防部倾向于对单独要素如美国及外国的技术能力和军事投入费效比等开展净评估,但是缺乏统一的分析机制,没有将各要素系统地置于对抗背景中并长期开展对美国与外国军力的比较评估,因此未能确定美军能力的不足之处。

因此,他们提出创建一个净评估工作组,负责对美国和外国的军事能力及潜力开展净评估。这个工作组的成员应包括国防部人员和国防部部长指派的国防部之外的人员，他们直接对国防部部长负责，针对美国与竞争者之间的军力平衡为其提供尽量公正客观的意见，此举也有助进一步加强文官对军队的管理。此外，他们还提出建立长远规划办公室——这可以说是对净评估办公室的首次构想。在这一阶段，知己知彼和长期分析的重要性受到了高层关注，时任国防部部长莱尔德对净评估也非常支持，除了强调净评估对国家安全的重要性，他还提出直接将净评估职能置于国防部部长办公室之下的想法。

1970年，马歇尔向上提交了题为《美国和苏联兵力态势净评估》的报告，简要讨论了美国在陆军、海军、战术空军、防空及战略进攻性力量方面相对苏联的优劣势。然而由于缺少必要和可靠的数据支撑，报告只能给出一个相对宽泛的结论，在这份报告中甚至缺少对两国军队人数、坦克、洲际导弹和战术飞机数量等基本数据的对比。另外马歇尔对中情局提供的美苏两国军事投入方面的数据深表怀疑，认为中情局严重低估了军事开支给苏联国家经济带来的负担。此外，当时也没有适当的分析方法评估美国应对苏联军队的能力。因此马歇尔建议美国创建一种能够定期开展高质量净评估的机制。

同样是在1970年，尼克松指派时任管理和预算办公室副主任施莱辛格审查美国情报部门的组织结构和效率。根据调查结果,施莱辛格认为情报部门在效率和管理方面存在问题,并建议成立一个国家级的净评估小组,定期对情报界的分析提出质疑和挑战,提高后者分析的可靠性。

1971 年 11 月,尼克松正式签署批准改革方案,在国家安全委员会隶属下成立了净评估小组。小组负责检验并评估所有情报成果,对美国应对外国威胁的能力开展净评估,清晰描绘美国及其对手的比较态势。政令发布后,基辛格力邀马歇尔担任小组领导,马歇尔最终在 1972 年 4 月正式走马上任。1973 年 9 月,基辛格签署了国家安全研究备忘录 NSSM－186《美苏军事装备之比较成本与性能之国家净评估》,要求开展首次国家净评估,目的是比较美苏两国地面力量的成本、能力和表现。鉴于净评估小组人手和资源不足,这项工作交给了一个国防部的内部工作组来完成,净评估小组只负责提供咨询并监督整个跨部门工作流程。因为这个内部工作组牵涉中情局、国防部和参联会等多方,此前在净评价子委员会中存在的官僚阻碍依然出现在了工作中。

但事情很快迎来转机,1973 年 7 月,尼克松任命施莱辛格为国防部部长。后者曾与马歇尔在兰德共事,充分理解并认可净评估的价值。他一上任就与基辛格协商将马歇尔带去国防部,在国防部建立净评估职能。同年 10 月,施莱辛格任命马歇尔为国防部净评估负责人,11 月,基辛格签署了第239 号国家安全决议备忘录《国家净评估进程》,把净评估小组转隶至国防部部长办公室,并正式成立净评估办公室作为负责美国国家安全净评估的专职单位，马歇尔任首任办公室主任。当时谁也没想到，他最后在这个岗位上干了四十多年。

就这样，在美国的战略规划体系中终于有了一个理论上不受短期决策周期控制和影响的，对美国及盟友的现存及潜在的竞争对手的军事能力开展全方位、跨学科、跨领域和跨军种的长期比较分析，利用对长远竞争发展趋势的洞察指导国防规划活动的常设机构。

要特别说明的是，净评估是在运筹学、系统分析等分析方法和框架之后出现的一个新的战略评估系统。运筹学主要源于数学和统计学，系统分析主要源于经济学，净评估则相对这两个系统更注重质量而非数量方面的因素。运筹学、系统分析和净评估是二战后美国战略和国防规划领域最具影响力的三套分析系统。

二、净评估办公室的职责和作用

施莱辛格之所以力主成立净评估办公室，主要是因为在中央情报局当局长的经历让他对中情局的情报分析心存很多不满。在包括卫星摄影等先进侦察技术的帮助下，当时美国情报机构已能较清楚地了解苏联的硬件设施，关于苏联武器类型和数量的信息也比较完备。但是情报机构的分析却依旧缺少对非量化因素（如苏联运用武器的方式方法、作战理论和国内政治等）的考虑，更遑论分析苏联历史文化和国内政治等因素对其国家行为的影响了。

为满足"蓝丝带"国防小组的要求,马歇尔上任后为净评估研究方法制定了一套完整的基础性分析框架。当时,尽管马歇尔没有明确地定义净评估,但他却简洁地归纳出净评估方法的七项基本原则,形成了沿用至今的净评估基础性分析框架。这七项基本原则简述如下:

1. 开展多领域深度对比。净评估反映的是美国武器系统、军事力量、政策与美国对手之间的一种严谨的对比关系,其涉及的领域应该是广泛的,凡与国家安全相关的政治、经济和技术等问题均应纳入评估范围,而不仅仅局限于纯粹的军事问题。

2. 将对互动性的"行动—反应"态势和未来趋势的研究作为重点。

3. 在交战、冲突或其他危机事件的环境中研究竞争关系。

4. 要根据生产和支援效率调整有关战斗效率的结论,这二者是保持长期优势的关键。

5. 要进一步解构和分析前述有关竞争效率的结论,以便更好地理解、借鉴和/或锁定它们。

6. 除评估美苏关系之外,要对一系列潜在竞争对手开展评估,这个范围也包括敌人的盟友和敌人。

7. 为最大化地发挥净评估在国家安全政策制定和国防战略规划过程中的作用,净评估应该是描述性的而不是规定性的。

在这七项基本原则的指导下，净评估办公室评估美苏之间军力平衡的工作目标包括：（1）确定过去与现在军事竞争的基本特质与形式；（2）描述长期军事发展趋势，包括准则、战略、科技、兵力结构、兵力运用及武器设计与能力；（3）检验影响各国家长期竞争能力的相关因素，比如根深蒂固的民族性、文化和相关价值观；（4）依据军力平衡的观点，评估美国军队相对其竞争者和竞争环境呈现出的优势和弱点；（5）确认在军事竞争中出现的当前或未来的机会与威胁；（6）向高层国防决策管理者强调可能改变敌我双方长期平衡的趋势；（7）确认敌我双方竞争的利益及能力特点。

根据 1985 年 9 月 27 日发布的国防部指令第 5105.39 号《净评估办公室主任》，净评估办公室主任承担以下职责：

1. 按照战区、地区、职能或任务对美国和外国的当前及预期军事能力开展净评估。开展净评估时，办公室主任可要求军方提供所有可提供的己方和友军的情报数据。

2. 对美国和外国的当前及预期军事能力、作战战术、条令、主要武器类别或武器系统的完成或准备开展专门的净评估。

3. 开发国防部部长年度防务报告、国会听证会及外国政府讨论的净评估部分并提供建议和咨询，并为参谋长联席会议主席态势报告提供编写指导。

4. 在国家安全委员会开展国家净评估时，作为与情报单位联合编制净评估工作的首要焦点，为国防部部长提供指导或人员协助与陈述。

5. 协调和审查国防部的净评估工作。

6. 为国防部内部净评估的开发与改进提供支持,包括但不限于维护所有来源的历史情报和友军数据。

7. 根据要求或在认为必要的情况下,提供政策、条令、战略、目的和目标的客观分析。

在国防部净评估办公室成立后,各军种也相继成立了各自的净评估办公室,虽然后来又因种种原因在1982年全部解散,但净评估业务在1986年通过的《戈德华特-尼科尔斯国防部重组法案》中得到了肯定。该法案规定国防部部长和参联会主席负责"执行净评估,确定美国及盟友与其潜在对手的武装部队的相对能力",并明确了国防部系统内关于净评估的组织架构。首先,国防部部长办公室下属的净评估办公室负责"国防部最宏观的视角,协助国防部部长思考过去的成果、现在的进展以及未来的方向"。其次,负责采办、技术和后勤的国防部副部长负责"执行技术净评估,确定美国技术工业基础的效能,减少对手技术突袭的影响"。最后,联合参谋部的部队、结构、资源与评估部负责"根据国防部政策方针执行军力平衡评估,依据这些评估提供战略方案"。

2009年12月23日,为进一步明确法律规定的净评估办公室主任职责、关系和权限,美国国防部颁布了新版国防部指令第5111.11号《净评估办公室主任》。该指令授权净评估办公室主任依据国防部指示第8910.01号《信息的搜集与报告》，获取相关内部报告和敏感信息，以履行相应的既定职能。该指令重申了净评估办公室主任的角色与职责，明确净评估办公室主任是国防部部长在净评估问题方面的首席参谋助理和顾问，并直接向国防部部长和国防部常务副部长报告。净评估办公室主任的职责更新如下：

1. 通过与其他国家和国家集团进行对比分析，起草并整理美国军事能力、潜力、趋势和未来前景方面的净评估，预测美国新增或未来的威胁和机会。根据需要，净评估办公室主任所组织制定的净评估还应包括以下方面的内容：一是在指定战区、地区、职能或任务中，美国和外国的当前和正在规划的军事能力；二是美国和外国的当前和正在规划的特殊能力、战役战术、条令和武器系统。

2. 在国防部部长向总统及国会、国会听证会和外国政府讨论交流提交的年度报告中，起草所有的净评估部分并就其内容提供建议和咨询，并通过参谋长联席会议主席为净评估准备过程提供建议。

3. 通过国家安全委员会在国家净评估中提供指导和参谋监督，并代表国防部部长行使相关权力；充当国防部部长办公室与情报界协力制定各类净评估的主要联系人。

4. 在国防部内部为净评估的修订和完善提供支持，其中包括但不仅限于为历史全源情报库和友军数据库的维护提供支持。

5. 根据申请和决策需要，提供政策、条令、战略、目的和具体目标等方面的客观分析。

6. 在必要时与国防部官员进行协调,确保国防部的文件、审议和讨论能够体现恰当的、最新的评估信息。

7. 履行国防部部长和国防部常务副部长规定的其他职责。

事实上,净评估办公室从诞生至今,其角色与职责并未发生本质的变化。另外,净评估办公室也会针对高层所关注的议题进行分析,协助高层决策者深入了解正在发生的事件的相关情况,并对未来的形势提供一个客观的评估。

简言之,净评估作为一个系统性分析框架(如图1-1所示),为决策者和战略规划者提供了客观公正的评估和分析。

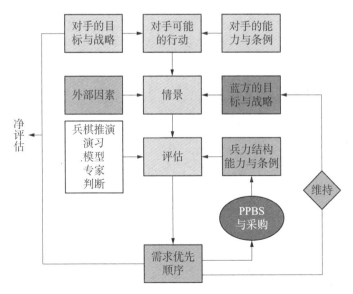

图1-1　净评估方法分析框架

作为国防部的内部智库，净评估办公室一直非常低调，然而低调并不等于平庸，相反，净评估办公室和净评估方法对美军的长期战略规划活动产生了巨大影响。净评估办公室在美国军事战略规划过程中主要发挥了以下四个作用：

1. 给军事战略规划人员和决策者提供一个沟通交流平台，也可说是一种内部语言。因为人们首先要在术语和概念上达成统一，才能通过沟通和辩论推进战略分析的水平。

2. 通过系统化和透明的（内部）分析方式减少争议。资源是有限的，如何分配有限的资源以达到预期目标是战略规划的要点，这就需要一个高层、公正、客观、透明的分析框架从全局来评估资源分配。在实践中，各军种之间都有从自身利益出发的战略分析成果，可能出现各行其是推广自身成果的局面，甚至产生互不相让影响大局的情况，一个系统化和透明的分析框架便于决策者把握大局，从全局利益出发考虑国家安全情况和制定安全战略。简言之，在一个透明和长期执行的框架下，各军种和利益团体之间为自身利益产生的争执可能会减少。

3. 在情报界和决策层之间架起桥梁。情报质量很重要，但美国在冷战初期的经验表明，当时的情报质量参差不齐，因此需要一个分析工具或者"眼镜"来对其进行过滤和整理，并为战略规划者和决策者提供系统分析，使其能放眼全局，对长期战略环境以及挑战和机遇有清晰的认识，由此进行好的决策。

4. 很多战略威胁的形成周期很长，短则十年八年，长则几十年。但总统任期只有四到八年,难免会只看到自己任期内的问题而忽视长远战略威胁。而一个独立、公正并长期存在的研究机构和研究方法可以随时提醒领导人,告知他们可能被忽略的长期战略威胁或机遇。

到二十世纪九十年代为止,净评估办公室的研究与分析成果可以归纳为六类:一是军力平衡,深入并长期比较分析美国与潜在敌人在关键战略领域中具备哪些优劣势;二是武器及兵力比较,在国防部负责研究与工程的副部长主持的技术净评估中,比较分析美国与苏联的武器系统、作战演练及兵力有效性;三是经验学习及历史评估,这一直是净评估办公室的工作重点,历史资料有助于有关方面深入探讨及洞悉双方优先事项的差异性;四是特殊议题的评估,如研究苏联决策者及整个决策机制或组织对相关事物的认知与看法,以及对威慑本质的看法及其具备的能力;五是高层决策者关心的议题,净评估办公室偶尔也会为少数高层官员开展特殊的净评估,这些分析主要聚焦领导人特别关注的问题;六是分析架构与评估工具,净评估办公室积极发展分析架构与工具,其资助的兰德战略评估系统就是一个典型案例。

2015 年 3 月 2 日,净评估办公室主任马歇尔正式结束其在这个岗位上长达四十二年的职业生涯,后于 2019 年去世。

2015 年 5 月,美国国防部部长卡特任命联合参谋部战略计划与政策部第一副部长詹姆斯·贝克出任净评估办公室新主任,截至 2025 年 1 月,贝克依旧在此岗位上履职。

第二章
净评估的构建、特征与工具

第一节 净评估的初期建设

一、明确净评估的本质与范畴

1972年8月,美国国家安全委员会净评估小组组长马歇尔提交了题为《净评估的本质与范畴》的备忘录,阐明了国家净评估的概念。

首先,该备忘录强调了在国家层面开展净评估工作的必要性:决策者希望知道如何使美国在各种国际竞争中立于不败之地,并对可能影响这一结果的任何趋势都感兴趣,更重要的是需要确定导致这些趋势的原因。美国在战后很长一段时间里都在各种对苏竞争中处于优势地位,这主要得益于美国领先的军事实力、研发能力,以及充足的资金支撑,但现在苏联在军事开支、传统军事力量甚至是核力量方面都在赶超美国,在一个(国防预算紧张)不能仅靠砸钱实现优势的时代，只有开展净评估才能制定更有效的竞争策略。

　　其次，备忘录将净评估初步框定为对"美国相对其他国家的武器体系、军事力量与体制的谨慎比较"①。净评估所采用的比较分析要涵盖作战条例、训练方法、后勤、采办和政治经济等多种因素，并考虑大国的竞争效率和发生冲突的后果，强调这一点的主要目的是将净评估与系统分析法区分开来。系统分析法倾向于在被主观假设简化的环境中关注武器系统的选择，研究成果多表现为结构化的数据产出，但简化假设往往使评估结果出现偏差，而净评估则主张全面比较美国与主要对手的军事力量。

　　1973 年 10 月净评估办公室转隶至国防部后，马歇尔与他在兰德的老同僚、时任国防部部长施莱辛格就净评估方法达成了非常重要的共识，认为净评估的主要作用在于诊断而非开方，即净评估办公室不会为了解决某个问题而对军队能力建设提出具体方案。这一点使净评估再次区别于系统分析法——系统分析法利用定量分析模型在众多方案中遴选最优解，为兵力采购和生成工作提供成本收益最高的解决方案，将兵力结构视为研究分析的产出。简言之，净评估的目的是做出确切的诊断，由决策者来对症下药。相比之下，系

---

① 后来的美国国防部指令第 5111.11 号《净评估办公室主任》则将净评估进一步明确为"对决定国家相对军事能力的军事、技术、政治、经济和其他因素的比较分析，其目的是识别出值得高层国防官员关注的问题和机会"。

统分析在没有全面诊断时直接开处方，可能造成比问题本身更大的损失。可以用"只看病，不开方"来诠释净评估方法的这一根本特性。

在净评估的时间范畴上，马歇尔坚信国防部部长决定和影响的大部分事情都与未来能力有关，因此净评估要超越对近期潜在战争的评估，而把重点集中在为国防部领导提供战略预警上。马歇尔和施莱辛格均认为净评估应当聚焦美国在美苏军事竞争中的地位和未来五到八年的发展趋势。

此外，二人还讨论确定了四个应当优先开展净评估的主题：美苏战略核平衡、北约-华约力量平衡、美苏海上平衡、美苏军事力量投资平衡。以及评估结构的四个组成部分：一是基础评估，即在调查基础上提供有关竞争的描述；二是识别竞争中的核心不对称及变化，以及这些变化对竞争产生影响的重要性；三是识别并探讨会产生影响的主要不确定性因素；四是识别竞争中的新兴问题以及关键机会，以求提高美国的竞争地位。

在如何组织净评估工作的问题上，马歇尔与施莱辛格都认为净评估工作不能归于某种内部程序或归属某单独机构（如情报局、军种部，甚至是国防部部长办公室既有的下属分析机构）。相反，净评估应发展为和系统分析法同一层级的全新分析机制。为避免净评估办公室变得像其他国防部机构那样在官僚主义影响下写出有水分的评估报告，施莱辛格规定净评估办公室主任直接向国防部部长报告，也就是将净评估报告定为由净评估办公室独立创作并提供给国防部长个人的文件。

二、构建净评估的数据基础

数据是实施净评估的基础,在确定分析框架的同时,净评估办公室也注意到必须先解决数据不可靠和匮乏的问题,因此备忘录中也提到,提供充分的信息是开展净评估工作面临的主要难题。

在当时,有一些对净评估很重要的苏军信息,特别是后勤与作战实践方面的信息资料,没有获得美国情报部门的重视。此外,不仅美国盟友提供的信息资料不够翔实,而且美国自己的资料在数据整理和存储格式方面也有诸多问题。从技术角度而言,数据格式不一样,会大大增加比较的工作量,甚至是导致不可比较,而现实恰恰是美国对外情报机构搜集的苏联数据跟美国国内有关部门搜集的美国数据经常格式不同。更麻烦的是,两国数据都存在不完整甚至空缺好几年的情况。

数据方面的问题直接影响了分析方法的运用和分析结果的可信度。比如有关人员就曾对利用统计学方法和模型来分析美苏军备竞赛的过程和互动提出质疑。因为运用统计学方法预测未来的前提是拥有长期数据,而美国掌握的苏联军费开支长期数据不足,例如中情局很少发布十年以上的数据,并且他们时常改变对苏联军事项目进行评估的前提假设,因此很难有长期的标准化数据用于美苏军备竞争分析。

简言之,净评估办公室成立初期遇到的主要问题之一就是如何系统整理实施净评估所需要的相关数据。事实上净评估办公室在成立初期的确花费了大量精力在建立统一数据库和评估规则上面。在二十世纪七十和八十年代,净评估办公室的研究项目除了撰写常规评估报告外,还有很多工作涉及数据库开发。

在完成首次国家净评估"美苏军事装备之比较成本与性能之国家净评估"第一阶段研究工作后,马歇尔再次抱怨情报部门和军种部提供的数据不尽如人意。不仅难以找到军事训练和后勤方面的准确数据,而且中情局对苏联军事力量的理解和对苏联军费开支的估算也引发了他和施莱辛格的质疑,两人都认为苏联军事建设给经济造成的负担比中情局估计的要重得多。在这样的背景下马歇尔决定自己建设情报数据库,于是他邀请 BDM 公司的菲利普·卡伯一起建设北约-华约地面武装力量历史数据库,并利用自己的研究项目经费与卡伯及其团队签署了开发数据库的合同,这个项目也被称为"186 计划"。

"186 计划"是净评估办公室创建并管理的第一个长期研究项目,重点是评估驻中欧地区北约-华约军队的军事能力。该计划中北约-华约数据库的建设工作从二十世纪六十年代一直延续到二十世纪八十年代。随着时间推移,数据库对北约-华约传统武力和战区核武力评估研究的贡献日益重要。

一方面,数据库可以展现双方兵力随时间变化的趋势,这有助于研究双方的历史状态,以及如何发展到目前状态和未来发展趋势;另一方面,数据库协助相关研究超越了当时通行的军力比较层面,进入了更深层的比较层面,如进行装甲与反装甲武器系统的比较、战斗机与防空系统的能力比较等。

三、明确净评估的要素衡量标准

衡量军事力量需要有统一的衡量标准,而之前的评估系统缺乏净评估所需要的各种衡量标准,因此净评估初期的一大重要建设任务就是对各项因素设定衡量标准。

之所以如此说,是因为当时很多评估的模板是以可量化因素为基础,计算并比较双方人员数量、武器类型和数量等,由此就得出力量评估,而很多不能量化的因素如领导层、士气、战法、训练和不可抗因素等都被刻意忽略。这种评估方法常被称为"数豆子"。

以某机构在二十世纪六十年代每年出版的北约-华约军事力量对比评估报告为例,报告会列出北约和华约各国的人口、军队人数和军费规模,甚至是各国各军种的单位数量和人数,以及每个军种的装备和现代化程度;除了各国的国别情况外,还会列出北约和华约的军队总人数、军费总额、武器装备总数量等。然后大家会根据报告所列的各项数据对比两个阵营的力量,而且通常会假设如果双方军队数量相同就说明双方军力相当,哪一方军队数量较多就代表军力更强。

但实际上对军事力量的比较评估不应仅是对双方军事力量的可量化因素如坦克数量的简单比较。例如，有些属于同一阵营的国家之间存在历史旧怨，如果让他们的军队进行联合作战就不一定会得出一加一等于二的简单结果，因此不能把各国军事力量进行简单相加就认为得出了这个同盟的军事总力量。

事实上，当时就曾有专家批评说：希望量化一切实际上是让量化来替代思考，因此过分注重量化分析的结果就是忽视历史和当前的实际经验。

要避免"数豆子"式评估造成的缺陷，评估者就需要确定一套综合比较标准，即效率指标。而净评估与系统分析不同的地方就在于，净评估寻求在评估中纳入各种因素的相互影响和关系，因此选用和设定效率指标时不仅考虑统一的工程技术标准，还要考虑作战样式和战略需求。例如，净评估美苏太空竞争态势时不仅要考虑双方卫星的技术指标，还要考虑发射设施面临干扰破坏时的脆弱性以及面对危机甚至战争时的应对灵活性。

到 1978 年，"186 计划"已经积累了大量关于北约和华约的军力数据，足以对双方在中欧的人员和武器系统开展简单量化比较，但这种简单比较忽略了武器的性能因素，也还是"数豆子"式比较。之前，为解决武器性能的差异性比较问题，美国陆军概念分析局于 1974 年发布了加权效率指数/加权单位值，通过主观判断给北约和华约的九类武器（小型武器、装甲运兵车、坦克、装甲侦察车、反坦克武器、火炮火箭弹、迫击炮、武装直升机、防空火炮)设置了加权效率分数。但净评估办公室认为这种评分方法主要以火力分数为基础,并且没有包含作战飞机,依旧不能满足自身的需求,因此办公室在 1978 年与正在开发一套名为"部队现代化系统"的专门针对现代作战飞机的评分系统的分析科学公司合作,逐步设计了能更好地体现北约和华约的装备性能,并能更深入地分析欧洲和其他战区常规军力平衡的评分系统。

　　然而,直到二十世纪八十年代末,虽然经过了长期探索和实践,净评估办公室还是认为自己开发的这套评分系统有局限性,或者说尚无任何一个衡量有效性的评分系统能完全解决净评估的问题,历史表明如训练、后勤、战术、条令、指挥和控制等其他因素往往会在战斗中发挥更重要的影响。然而,尽管净评估办公室怀疑该评分系统能否实现准确的军事评估,美国国会对它的兴趣却越来越浓厚,甚至有国会成员直接要求净评估办公室提供"部队现代化系统"用在国会自己的分析报告中。而在另一边,苏联也开发出各种指标用于计算苏军与敌军的相互关系和军事行动中的进展,净评估办公室对美苏间评分系统差异的研究也让其更深入理解了苏联对各型装备的观点,继而影响了其对二十世纪八十年代中欧军事平衡的评估。简言之,虽然有其局限性,但静态评估中的有效性衡量指标仍不失为一种有价值的工具。

　　另外,马歇尔认为美国的冷战战略不能局限于在可能发生的战争中保护国家，还必须考虑如何阻止敌人发动战争，这就要求美国能够理解敌人对双方军力平衡的看法，其核心问题包括：苏联如何评估与西方的军事竞争，他们使用什么样的分析方法、模型、效力度量来评估不同领域的武力关系，以及苏联会在什么情况下采取入侵或威胁行动，支撑决策的成本和收益是如何计算的，等等。

为此，马歇尔找到了擅长定量分析的巴蒂乐嘉，其人此时正在科学应用国际公司负责监管分析方法和计算机模型开发。在此之前，巴蒂乐嘉的团队已经在研究苏联如何开展作战方面有了不少积累，并建立了一个关于苏联如何评估与西方国家竞争水平和计算军事平衡的信息库。双方在"外国系统研究中心"项目上愉快合作，该项目帮助净评估办公室识别并评估苏联视角下的苏联强弱项，在一定程度上帮助美国决策者更好地了解了可以如何阻止苏联的可能威胁和入侵，以及采取何种行动可以按照美国的利益来塑造苏联的行为。对国防部部长而言，这些研究也可以帮助他回答购买和组合哪些军事装备可更有效地阻止苏联发动战争。

至此，净评估方法中的三个关键要素（也是净评估流程的三个关键环节）全部达成，即：一、庞大的、真实可靠的、尽可能详尽的关于冷战双方的武装力量和军事投入的数据；二、针对不同领域和不同层级的数据开发的评分标准；三、对对手评估军事竞争的方法和标准体系的充分认识。

第二节 净评估的定义与特征

相对于其他研究方法,净评估的特点是覆盖更多方面,它不仅分析装备数量和人员情况等量化指标,而且还分析如国家文化和认知偏见等很难量化的指标;除了分析敌人,它还分析己方的各个方面及与对手的相对优劣势;它还分析包括国际环境和科技发展等难以控制的因素在内的外部环境;另外它还涉及对长期发展趋势的分析,这在平时和战时都很重要。

一、净评估的定义

净评估办公室主要为美国国防部部长等军队最高决策层提供评估和分析,因此其工作及分析框架均要从军队最高决策层的角度出发考虑问题。

例如,军队最高决策层需要判断哪些国家安全威胁是需要军队处理的,需要发展哪些军事能力来应对这些威胁,如何更好地运用这些军事能力来应付这些威胁等。再具体些,就是要决策给部队配备什么样的装备,如何调整和优化部队组织结构,创建何种作战理论,以及如何训练才能使军队处于最好的战备状态等问题。而作为国防部的内部智库,净评估办公室就要为国防部高层决策者考虑这些问题。

　　因此，净评估办公室在开展工作时首先就要考虑高层决策者的规划目标是什么，例如在评估美苏中欧地区军事平衡时，会先假设国防部的目标是确保对苏联的威慑，使其不敢入侵美国在这一地区的盟国或伤害美国的相关政治和经济利益，而在随后的评估中就需要把这类目标考虑进去。

　　在考虑了高层规划目标后，净评估后续进程的两大具体支柱就是能接触大量涉密信息和有既定净评估方法，而这也就是净评估办公室相对其他想要从事类似工作的机构（有些机构的历史甚至远长于净评估办公室）的优势所在①。

　　2009 年 12 月 23 日颁布的美国国防部指令第 5111.11 号《净评估办公室主任》定义净评估为"对决定国家相对军事能力的军事、技术、政治、经济和其他因素的比较分析，其目的是识别出值得高层国防官员关注的问题和机会"。

　　除官方定义之外，很多专家学者也在各自的文章中尝试定义净评估。二十世纪八十年代出任净评估办公室主任军事助理的科恩把净评估简单定义为对军事均势的评估，净评估办公室的文职助理罗森将其定义为"在和平和战争时期，对国家安全机构之间相互作用的分析"，默里等人将净评估

---

① 国防部指令第 5111.11 号《净评估办公室主任》授权净评估办公室适当使用国防部和其他联邦机构现有的系统、设施和服务，依据国防部指令第 8910.01 号《信息的搜集与报告》获取所需报告和信息，可以与国防部下属各部门负责人、其他行政部门官员、立法部门代表、州和地方官员、外国政府代表和公众人士等直接沟通，由此直接获取所需信息。

办公室的任务定义为"衡量和评估美苏之间的总体军事平衡",皮克特等人将净评估定义为"对军事、技术、政治和经济等各种影响美国及其潜在对手(包括敌人、中立国、伙伴国)军事能力的因素开展的对比分析"。

可见,美国战略界对净评估的定义多种多样,净评估与其说是一种研究具体问题的方法,不如说是一套在美苏竞争中确定竞争目标、制定竞争战略并指导兵力态势规划的一以贯之的思维方式。

要把握净评估的核心要义,可以尝试从不同角度抓住其有别于其他研究思想和方法的地方。

首先在目的方面,净评估的核心目的是比较评估美苏双方及它们各自领导的政治军事同盟的优势和劣势,研究对象必须是两个或两个以上存在利益冲突的实体,因此具备竞争性和不对称性。不对称性究其本质并不一定具有优劣之分,它首先是对各方在同一领域比较中差异之处的中性描述,评估者应当在各方存在差异的情况下辨识出影响平衡最关键的不对称之处,并根据具体问题和竞争背景判定各方的优势或劣势。由此,在接下来的战略规划中决策者才可以利用己方优势和敌方劣势,并弥补或规避己方的劣势。同时,各方竞争还具备互动性和长期性特征,竞争性评估的时间维度绝不局限于当下的单一时间点或未来可能发生的单场战役,其时间范围应从过去展开直到未来至少五到十年,并且不局限于战时评估,还包括对和平时期战略竞争中相关能力与威慑的评估(如评估核力量在和平时期对实现政治目标有什么帮助)。

其次,从方法论的角度出发,净评估在研究过程中不过分强调科学性。因为过分强调科学性的研究方法往往具备公式化、模型单一和侧重定量分析的特点。这类研究方法的核心世界观(从社会科学研究的角度出发)是人类活动可以由一套理论模型来解释和测算,而为使理论模型具备科学化所要求的严谨性,其对人类行为的标准化和统一化处理往往抹去了人类文化和心理等方面的差异。同时,对定量分析的集中追求也容易导致不可量化因素被排除在考量范围之外。简言之,过分追求科学性的研究方法试图在纷繁复杂的现象中寻找一种简化的理解方式,而净评估方法却与此相反,净评估的核心追求是事实,并力求为决策者提供最准确、最贴近真相的评估报告。因此,净评估研究不会运用单一的公式或模型,也不会为量化要求而放弃对性质的分析。强调科学性的研究方法比如系统分析更注重逻辑推理,偏向规范研究,而净评估常使用归纳分析,侧重从大量证据资料中总结事实,属于实证研究范畴。

最后,在评估内容方面,战略竞争的多层次和多面性特点决定了净评估可以在多个不同领域展开,例如除了军事领域的净评估,还可以开展经济和技术领域的净评估,即便在军事领域内部,也可以按地理、职能等细分领域来进一步进行细分净评估。也正是因为覆盖范围太广,净评估办公室不得不将评估分为多个分支。冷战时期的平衡净评估主要分为功能性和地区性两类，以冷战时期的东西方阵营为例，功能性平衡净评估包括对双方战略核力量平衡、太空力量平衡和海上力量平衡的净评估等；地区性平衡净评估包括对华约同北约在欧洲的平衡，以及对美苏在东亚和中东等地区的平衡的净评估等。

二、净评估的特征

作为一个综合性分析框架，净评估吸收了经济学、军事史、政治学和组织行为学等多种学科的研究方式和研究成果，并运用各种定性和定量方法开展评估。净评估的关键特征包括诊断性、竞争性、不对称性、多样性、长期性、威慑性。

首先是诊断性。

净评估小组在建立伊始曾明确定位为只提供诊断性分析评估，不提供政策规划。也就是只提供分析，不提供建议和问题解决办法。净评估分析的理想结果是一个政治和军事竞争关系的全面图景，包括每个竞争对手的优势、劣势、机会(机遇)和威胁(挑战)。它是对所有竞争者不偏不倚的客观分析，其中也包括对己方能力弱点的冷静评估。

事实上，马歇尔一直注重发现和诊断问题，探索美国的自身优势和一些长期机会，并在相当长的时间内不为高层决策者提供具体的政策建议，他认为政策问题应该留给决策者自己去决定。马歇尔曾说："如果你认为你的工作是提供答案,那么你的诊断就会出错。因为你对问题答案已经预设了观点。"

然而,从净评估办公室后来的实际活动可以看出,净评估办公室的具体业务最后超出了原始定位范围,实际上已提出了不少建议,如军事革命相关内容、网络中心战,甚至是"空海一体战"初始概念。

其次是竞争性。

净评估分析的是两个或两个以上国家的相互作用,因此这种研究首先要有针对性,即要明确谁是对手,以及己方相对对手处于什么样的位置。由此而来的就是竞争性,"竞争"意味着研究对象国家之间的交往在本质上是互相竞争的,而不是相互合作的,而研究"战略竞争"也是净评估与一般战略研究的主要区别之一,这一概念在二十世纪八十年代被美国国防部所接受。也正因为此,正式的净评估报告是针对性很强的报告。例如,马歇尔在二十世纪八十年代与美军某军种负责人谈起这个话题时,就曾建议设计一些军事项目以迫使苏联增大军费投入。他的思维说起来也很简单,美国启动军备竞赛,要么苏联意识不到超高军费投入的长期后果直接跟上,这会拖垮苏联的经济;要么苏联即便意识到了超高军费长期投入会拖垮经济也不得不跟上,而且因为资源有限还必须在不同项目之间进行艰难抉择,这最后还是会拖垮苏联的经济。而后来人们熟知的"星球大战计划"就是这种"战略竞争"思维指导生成的典型案例。

其三是不对称性。

传统的兵力规划往往试图同对手保持某种对称性,例如苏联发展多少战略导弹,美国就也要在数量或质量上与其持平甚至超越。同时这种规划方式总是受制于和平时期的国防预算、官僚体系和制度。与此相反,净评估的一个重要特点就是要找出己方的优势和对手的弱点并加以利用,即识别己方在战略层面上的不对称优势,然后将这种不对称优势尽可能地发挥到对手脆弱的领域,从而使对手为这场竞争付出重大代价。

净评估非常重视不对称性的重要性,美国冷战对苏联战略规划也充分发挥了这一点。例如,在分析世界安全环境变化的过程中,净评估办公室和有关方面得出两个结论:一是苏联军事家奥加尔科夫提出的新武器系统将改变未来战争模式的论点是正确的,二是苏联的经济状况比中情局估计的更糟糕。那么如果美国大力发展高科技武器,苏联很可能没有足够的资源来发展这些武器并同美国竞争。这些评估结果揭示了美国对苏联新的不对称优势(在当时也称为比较优势)。

再如前些年,净评估办公室通过对中国周边海域的平衡分析,认为美国的优势在于空中力量、导弹精确度和地区联盟等,而中国的优势包括本土距离、陆基导弹系统和应急机动作战部队等。在详细分析了历史数据和发展趋势后,净评估办公室进一步指出中国大量投资建设舰队以及近海导弹基地，在潜艇、航母和导弹数量等方面都实现了飞速发展，而美国在很多方面投入和发展停滞不前，没有针对中国的反介入/区域拒止和远海能力建设发展相应的应对能力。最后得出结论：十到二十年后地区平衡会向中国倾斜，为避免这一趋势，美国需要加强对亚太地区的投入，更好地整合盟友资源等。这也是所谓亚太再平衡的基本逻辑。

其四是多样性。

尽管净评估有很强的针对性，在开展评估之前就明确了特定的对手，但它对研究领域却没有任何限制，一切可能影响安全环境以及双方战略竞争关系的因素都在研究范围之内。例如，为了研究对手决策过程，净评估办公室不光研究对手的政府机构、官僚体系和组织行为，还研究其领导人的肢体语言和表情，从中判断他们的性格和对决策的影响。净评估办公室还曾关注动物行为学研究，以及研究气候变化对国家安全的影响等。换言之，评估者有很大的自由空间发挥其创造性，提出问题并开展评估。事实上，经过几十年的发展，净评估在成为一种成熟分析工具的同时，所涉及的范围也不断扩大，涵盖了人口状况、经济实力、预算、组织行为、竞争对手评估、战略文化、颠覆性技术等多个领域。同时，一些企业界成功人士和商学院学者的战略分析成果及经验，也被净评估参考借鉴。

除了研究范围外，净评估的参与者本身也有多样性的特点。提出创建净评估小组设想的"蓝丝带"国防小组当年率先打破陈规,不但让非军方人员对国防部的架构和研究活动开展分析,还鼓励成员之间互相交换观点,多视角看待问题。净评估办公室也一直保持这个传统,它的研究人员不仅有多样化的背景,而且还互相了解彼此观点,从多个学科和领域看待问题。这种人员框架的最大好处就是能保持多视角,从而把握全局。

其五是长期性。

净评估理论认为,由于战略威胁的形成周期很长,因此需要对潜在威胁方进行长期跟踪分析,以便发现对方真实的战略意图,分析其是否对美国构成威胁,并在此基础上获得战略规划的前瞻性。

"识别正在形成的可能影响美国未来地位的战略问题"是马歇尔在兰德公司就确立的长期竞争分析方向,其目的是在战略问题形成初期就能识别它,并为最高决策层提交有关这些战略问题的发展趋势报告。因此,净评估不仅要找出自身和对手的优势和劣势,更重要的是要把握这些优势和劣势的长期发展趋势以及它们对未来双方力量平衡的影响。为此,战略研究者应阅读包括军事、经济和技术等在内的各领域的历史。只有研究各个领域的历史数据,跟踪观察长期趋势,才能找出该领域内竞争双方的长期优势和劣势,因为无论在哪个领域,短期行为/现象的不确定性都相对较高,而长期趋势却是很难改变的,因此也更容易把握。

净评估理论还认为,大多数关于战略和国防计划的讨论过于关注技术和武器，未充分考虑那些通常对实际战争有决定性影响的因素，而对历史特别是战争史的分析，可以拓宽诸多现有国防研究方法相对狭隘的视野。仅关注对手的现有军事态势和采办项目，并不能有效判断其未来军事态势，更重要的是要分析他们当前的研发情况。也就是说，要预测对手未来的军事态势，对他们的评估分析也要向前提一大步，要开展前瞻性分析，探问对手现在重视哪方面的研发，而不是等对手已经采用了这些技术和武器系统，才着手研究并将其用于分析未来军事态势。

最后是威慑性。值得注意的是，此处所说的"威慑"，包括通过战略欺骗手段引导对方认知而达成的客观效果。

净评估办公室在二十世纪七十年代初引入，在二十世纪八十年代正式采用了竞争战略概念。当时，净评估办公室所说的竞争战略主要指是利用美国的长期优势，针对苏联的长期弱点，制定围绕这些优缺点的军事竞争战略。经过一段时间发展，这种战略被克雷皮内维奇系统化并升级为劝阻战略。他将劝阻战略定义为：如果对手有可能开发、扩展或者转让一些军事能力，而美国认为这些军事能力对自己不利或构成威胁，那么美国就应该采取措施，使对手认为开发或扩展这些军事能力的代价过高或收益过低，从而放弃开发或扩展这些能力。

这实际上说的就是在对手的认知层面上进行威慑，以达到不战而屈人之兵的效果。而如果目标是达到威慑，最重要的就不是你实际有多少军事力量,而是对手认为你有多少军事力量。也说就是,关键不是实际情况如何,而是对手对于这个情况的认知如何。在这种情况下,美国在欧洲地区实际有多少驻军不是最重要的,最重要的是苏联认为美国有多少驻军,以及他们认为一旦开战苏联的胜算有多少等。①②

因此,劝阻战略的关键就是了解双方的认知,确定哪些能力可对对方构成巨大威胁,并使对方确信在该能力方向的项目上与美方竞争会导致项目的成本收益比增加到自己无法接受或毫无意义的地步,从而使其放弃该项竞争,以达到不战而屈人之兵的效果。所以,净评估总是会投入很多用于研究对手的方方面面,其目的是更全面地认识对手的认知情况,由此更好地预测其会对美国的战略和政策作出什么样的反应。

三、关于不确定性

美国资深兵棋专家赫尔曼在工作中接触过很多将领,他

---

① 威慑不一定总会达到预期目的,因此也需要考虑如何在威慑失效的情况下赢得战争,而在进行战争准备时,需要考虑多种层级的冲突/战争。马歇尔曾说:"目前的标准分析倾向于关注那种一开始就大规模交火的突然袭击,但恰恰相反,美国分析员们需要更多关注军队在多种情况下的发挥,从一般危机到战略系统威胁下的战区级常规战争,再到战区级核战争,一直到全面核战争甚至是大规模核战争后的持久战。"

② 奥加尔科夫认为美国的信息技术可能带来新的军事技术革命,并会在未来战争中给美军带来优势。马歇尔受此启发,认为既然苏联人觉得这些武器和技术那么重要,可能会改变力量平衡,那么美国就应该大量购买和开发这些武器,使苏联人认为他们没有优势,因此避免在欧洲同美国发生冲突。这就是一个典型的劝阻战略实践案例。

总是会问遇到的将领同一个问题：对于战争，你最关注的一点是什么？得到的回答几乎大同小异：如何在不确定的环境下控制风险。

除了战争之外，世界发展和大国关系也充满不确定性。美国前国防部高官威尔斯在制定2001年《四年防务评估》时写了一段很有意思的话，曾在美国国防界的高层决策者和幕僚间广泛传阅，还被拉姆斯菲尔德发给布什总统以提醒他对于不确定因素多加考虑。这段话抄录如下：

如果你在1900年是这个世界上最强大的国家的安全政策制定者，那么你一定是个英国人，并且正焦虑地关注着你长期以来的宿敌——法国。然而到了1910年，你已经和法国成了盟友，这时候你们的敌人是德国。到了1920年，第一次世界大战已经胜利，你这时候已经在同你之前的盟友美国和日本开展海军军备竞赛。到了1930年，《五国关于限制海军军备条约》已经得到实施，大萧条也已经来临。这时候国防规划提出"十年不会发生战争"的口号，但九年以后第二次世界大战爆发。到了1950年，英国已经不再是世界上最强的国家，核时代正在来临，"警察行动"正在朝鲜半岛展开。十年后，政治注意力都集中在"导弹差距"上，战略思维定式正从大规模报复攻击转向灵活应对，这时候还很少人听说过越南这个国家。然而到了1970年，我们在越南的军事介入高峰已过，我们这时候正和苏联谈缓和关系，并且正把伊朗国王当作我们在海湾地区的门徒。到了1980年，苏联人正在阿富汗,伊朗正在闹革命。这时候有人开始称我们是"外强中干的部队",称此时是我们的"脆弱时期",美国当时是世界历史上最大的债权国。到1990年,苏联离解体不到一年了,而美军这时候即将在沙漠地区证明:它可能被称为任何样的军队,但绝非"外强中干"的。另外,美国这时候已经成了世界历史上最大的债务国,并且那时候几乎还没人听说过互联网这个东西。十年以后,华沙变成了北约国家的首都,非对称威胁已经超越地界。与此同时,信息技术、生物技术、机器人技术、纳米技术、高密度能量源给世界带来的变化几乎超出所有人的预期。

不确定性和风险的不同在于,风险是知道某决策可能会带来某种后果的,而不确定性则是不知道这个决策会带来什么后果。事实上,人们对对手和环境的掌握都是有边界的,这也就意味着不确定性无处不在,而好的战略、计划需要尽可能考虑和把握不确定因素带来的风险,并能允许错误发生,且能根据情况变化随时调整。

面对诸多不确定性,净评估办公室的报告一般不会只提出一种观点和可能性,也不会急于下结论。净评估办公室领导人曾告诫所有成员不要轻易下确切的结论,不要说这件事情一定会这样或那样发展,也不要说自己确定什么,每个分析员都需要提出其他可能性和一些不确定因素。净评估办公室本身虽然不制定战略,但是它的一项主要职责就是给战略规划者和决策者们提出未来发展的多种可能性,使他们能在制定战略时考虑得更加周到。在工作过程中，净评估办公室一直致力于推广众人对不确定性的正确认识，特别是通过对最高决策者的提醒和指导，使他们更清楚不确定因素对于战略规划和国家安全的重要性。

在净评估办公室的报告中，经常会强调"需要注意的是，任何对军事平衡的评估都必然存在一些尚未解决的不确定性"。同时，在一些报告中还专门留出一个部分详解不确定因素，以求为决策者呈现整个背景和可能性，让决策者不要不假思索地接受他们的分析，因为那将是非常危险的。净评估办公室提交给决策者们的评估报告通常不会只提供一组最可能的或最为推荐的发展可能性或方案，而是给出多种可能的发展方向和多种方案，以供决策者更好地理解实际情况，从而根据决策者自己的判断进行决策。

也正因此，很多曾在净评估办公室工作过或为他们做过课题的人也都很注重不确定因素。例如，曾在净评估办公室工作过的巴内特空军上校，在一份预测和分析未来太空战役的文章中开篇就指出"在我们着眼未来战争的同时，我们必须面对一个确切的事实，那就是无论我们如何努力，任何预测都将会被证明是不准确的。任何对未来战争的预测都暗含对时间、敌人、地点和目的的假设。我们需要知道战争发生的时间，才能预测将来可能会存在什么样的科技；我们需要知道战争的目的才能预测国家对战争的投入水平；我们需要明确敌人是谁才能建设最合适的战略战役，并处理好防卫与攻击的重心;最后我们需要知道战争的地点才能明确作战目标的类型和数量。以上四个因素相互作用影响未来战争的本质和形式。然而,以上所有因素都是不可能提前知道的,因此任何对未来战争的看法都会是相当局限的"。再例如,曾为净评估办公室做过课题的未来学家彼得·施瓦茨在其著作中特别警告了那些习惯于立刻认定某事或者否认不确定因素对战略规划有影响的决策者们。他提倡用多种不同的未来场景来衡量各项战略的可行性,认为使用这种方法不是为了预测未来,而是为了锻炼决策者对于未来情景变化和不确定因素的敏感性。

第三节　净评估的常用工具

在实施净评估的过程中通常会综合使用多种研究和分析工具,例如在明确安全挑战和对手的基础上,首先通过决策研究深入探索双方的战略文化、决策者的认知模式、军队历史传统以及使用武力的特有方式,并在比较研究的过程中明确双方的优劣势。然后通过长期趋势分析探索双方人口、政治和经济等自身要素,盟友、技术等外部环境的未来发展,并评估这些发展可能对双方优劣势产生的影响。再通过多场景分析探索未来安全环境或未来战争形态的多种可能性,将前述发展趋势与具体的场景相结合,从中或可看出需要重点发展的能力和武器装备系统。最后通过兵棋推演得出相适应的作战理论，以及如何开展组织结构改革，最大程度利用多种优势能力和武器系统应对开头明确的安全挑战。

一、决策研究

冷战经验证明，了解对手在特定官僚体制和政治文化中形成的组织行为模式，以及其受自身战略文化思想影响而形成的独特认知模式，才有可能一窥对手在具体问题上的未来决策方向，理解对手为什么会对一些事情产生特定反应。

二十世纪五六十年代，美国军政和情报界在研究外国军力发展和决策时，流行使用理性选择模型进行相关研究。在这种模型里，会假设机构的决策过程与个体决策没有区别（即将国家或国家决策者看作一个高度统一的行为体），而且决策者具备全面完整的知识、信息和一成不变的个人习惯，他清楚所有的选择以及每种选择的收益，会从理性出发选择能够使国家利益最大化的那个选项。例如，当时美国对苏联战略核力量进行评估和预测时，就假设苏联战略核力量的决策者是一个纯粹的理性决策者，会对各种相关信息了如指掌，并且总是会选择那个最能达到苏联战略目标的选项。

但二十世纪六十年代的一系列研究表明，苏联人的决策不是如美国方面之前所认为的那种少数人在某种固定模式下做出的理性选择，而是在一个庞大的官僚体系内产生的未必是理性的选择。换句话说，官僚体系的架构、内部文化以及内部各派系与利益群体的互动都会影响决策,因而不能将其假设成简单的个体决策,也不能假设他们的决策总是理性的或者说是最符合整体利益的。相反,这些决策往往是国防体系内各个派系间讨价还价和互相妥协后形成的,而这种情况下的决策往往不是最有利于国家整体利益的。

在这一时期,美国在评估对手军力和决策的时候缺乏能够用于分析国家政府和军事组织等机构决策的有效工具。当时流行的用理性选择模型来解释机构决策过程的研究方法,与国家机构通常具有复杂且对会决策产生重大影响的官僚体系的现实相悖。实际军事冲突的结局往往跟使用这类研究方法得出的评估结论有很大出入。因此,外交和国防政策研究界出现了不少个人甚至组织对理性选择模式研究方法提出了挑战,前文所提到的由马歇尔和欧内斯特·梅等人组建的"梅小组"的成员①就是其中的佼佼者,他们认为有必要针对机构组织设计决策模型,将官僚体系内的政治平衡、协调、信息流动,以及内部冲突时的相互妥协等因素纳入考量,他们的观点在一定程度上影响了整个国际关系和政治研

① 二十世纪六十年代,"梅小组"和其他一些研究者重点研究了官僚体系如何影响国家安全政策,他们的结论是官僚体系的内部结构和内部活动远比外部威胁对决策的影响更甚。他们认为,对所有大型组织而言,一个显而易见的事实在于,庞大的规模使任何一个中央权威机构都没有充分的时间或信息做出所有重要决定。因此在外交与国防政策领域中,不论个体还是组织的决策都不能用理性选择模式简单化理解,因为不是每个人都会将组织利益最大化作为目标,并理性地做出能够使组织利益最大化的决策。

究界。

除了以更真实有效的模型取代理性选择模型之外，还必须注意一点，即不同文化间存在认知差异，在一个文化看来最理性的选择不一定在其他文化看来也是最理性的。因此净评估办公室资助的项目中有很大一部分是针对他国文化、历史、战略思维等对认知有影响的因素的研究，此外还有很多直接研究对手特别是苏联和中国观点的项目。

例如在研究苏联的认知方面，除了与苏联人直接接触交流（这种交流模式在冷战期间相对较少）外，还通过阅读苏联人的文章和著作，或是听他们演讲，来了解他们的历史和文化数据，研究他们过去对类似事件的反应和看法（再将其作为指标与当前行为进行对比）。甚至在冷战结束后，净评估办公室也抓住苏联解体的契机，以采访苏联前官员和研究人员等方式，获得了一系列以前不可能得到的一手资料。

净评估办公室在二十世纪九十年代资助的一系列关于军事革命的研究项目也是认知研究的典型案例，这些项目中除了针对军事革命本身的研究项目外，还有很多分析其他国家对军事革命看法的研究项目，这些项目不仅研究了俄罗斯和中国等竞争对手，还研究了包括日本、澳大利亚和以色列在内的盟友。也恰恰是在分析了这些国家对军事革命的看法和开展军事革命的能力之后，美国有关方面才更加关注中国，因为中国不仅有进行军事革命的愿望，也有实现军事革命的能力。

具体到评估方面，当战略目标首先是威慑，其次才是击溃敌人时，对方如何看待双方的力量平衡比双方实际的力量平衡更重要。如果对方认为没有取胜希望或希望渺茫，那么威慑就会成功，而且这不取决于双方真实的力量平衡，而是取决于对手的认知。因此，成功的威慑不光涉及敌我真实能力对比，还必须考虑对手的认知。①

美苏各自预设的主要冲突场景不同，而这些场景是他们各自军事和国防规划的基础，因此他们各自的国防规划也不同。例如，同样是评估在中欧地区的战争可能，如果美国预期的是在该地区的常规战争，而苏联预期的是在该地区的核战争，那么双方的战略计划优先级、装备发展、作战计划等都会侧重于各自的预期，并最终影响其国防规划的方方面面。因此评估初期最重要的一点，就是要意识到对手有别于己方的认知会导致预设的冲突场景不同，以及国防规划优先级和侧重点的不同，因此一定不能以自己的思维方式去预测对手

---

① 马歇尔曾在二十世纪八十年代初撰文说："因为美国的主要目标是威慑苏联，防止其采取某些行动，因此任何一项对战略平衡的评估都要尽可能接近苏联的评估风格。这个评估不是仅基于美国标准，少许改动导弹准确率和发射井防护能力等假想的评估，它应该是一个各方面都最接近苏联分析方式的评估报告，使用苏联人认为最可能的未来场景，采用他们的标准来衡量最终结果。因为事实证明苏联的评估报告在很多方面都跟美国不同，苏联的考虑往往会基于对未来场景和目标的不同假设，把注意力放在与美国不同的变量上面，不管是远程武力还是战区武力（常规或者核武器），并且会在技术评估层面采用不同的计算方式，对效率有不同的衡量方式，还可能用不同于我们的评估方法和过程。最终结果是苏联和美国的评估结果会有很大不同。"

的国防规划和发展战略。

二、长期趋势分析

预测未来趋势是相当困难的，而注重对长期趋势的分析则有助于把握趋势的规律或确定性。相对基于短期预测制定的战略而言，基于种族、文化、人口结构和政治制度等短期内不易改变的因素，以及对双方长期优劣势的分析而制定的战略可靠性更高，不确定性也相对较小。事实上，净评估办公室的大多数项目都注重分析美国及对手的长期特征因素（如文化、战略思维、地理因素甚至对手的官僚系统、组织结构和决策习惯等）。

净评估办公室每年都会在海军战争学院组织夏季研讨会，会议通常会提出一些重大或者具有长期影响的研讨议题（如未来战争形势、亚洲未来发展情况等）。会议会选择各领域专家加入对未来环境构想的讨论，例如他们会选择一些经济领域的专家组成一个小组，构想二十年后多种可能的经济环境，另一个小组则会根据每种可能的环境构想，探索美国国家安全面对的威胁和机遇，然后为国防部设计应对每种可能性的方案。"亚洲2025"就是在1999年举行的一次夏季研讨会，这次研讨会持续了一周左右，并且是一次典型的净评估"头脑风暴"。此次会议召集了十多位相关领域专家共同展望未来亚洲环境，这类展望与一般会议不同，不是要达到某种共识，而是要大家各自提出对未来环境的想法，对2025

年的亚洲提出多种可能设想。

三、多场景分析

国防战略规划是一个长期工程。例如,一种武器装备从设计开发到投入使用需要的周期可能长达二十年,此外还需要非常长的周期来探索如何运用这种武器装备,并在探索中思考和修改相关作战理论,调整部队组织结构,训练和磨合部队。

同时,决策者不能指望未来的安全环境变化会完全遵循当前环境的正常发展路径,长期环境变化的不确定性总会带来很多意外问题。而任何关乎国家战略和国防的问题都事关重大,决策者不可能等到问题出现了再去考虑如何处理,因此战略和国防规划都必须着眼长远,在问题还没出现或刚出现苗头时就开始分析并设计相应对策。

在2015年马歇尔卸任之前,净评估办公室几乎只关注长远问题,多场景分析方法(下或简称"多场景分析")就是此背景下他们使用的一种主要分析方法。多场景分析方法与政治学和经济学使用的反事实分析方法类似,简单说就是提出多种可能的未来场景和发展轨迹,以及这些发展轨迹最终会带来的事态发展结果。当然这些场景也是基于科学方法得来的,不可凭空臆想。多场景分析有助人们更好地应对未来长期环境和问题中的不确定因素。

"场景"一词出自戏剧,本意是指由舞台布景构成的一个场面或环境,后来也被引申为场面或环境中的一个故事。多场景分析简单说就是科学描绘未来世界的一个个故事，清晰展现其不同的发展方向，这可帮助人们找到适合每种发展方向的应对措施。其有两大优点：

其一，它提出了非线性发展趋势的假设。一般趋势分析是根据事态的当前发展路径延伸出对未来发展方向的一个长期趋势分析，这种分析的基本假设是事态在未来会顺应当前的路径方向发展下去。而多场景分析跟这种分析最大的不同在于，它总是提出各种可能的场景或假设。例如，一般趋势分析可能会通过研究某已顺利发展了二十年经济的 A 国的历史经济数据和当前经济形势，得出未来十年 A 国经济增速可能保持在 5％至 8％之间的结论，而多场景分析则会设想多种突发因素，并分析它们对 A 国经济的影响，然后再根据分析得出每种场景中可能出现的不同经济增幅。比如如果 A 国发生地方政府债务危机并失控，则 A 国经济增幅可能会大幅降低到 2％左右；如果 B 国发生国家债务危机，则其可能会对 A 国与 B 国的贸易产生影响，最终导致 A 国经济增长降低到 4％左右；如果 A 国在某些关键科技方面实现重大突破，则其社会生产力可能获得大幅提高，经济增速可能达到 10％。这些假设的场景在很大程度上是不会发生的，但是尽量考虑多种场景是没有坏处的，这就是多场景分析的一个基本出发点。

与和平时期的经济发展相比，安全环境和战争形势更有可能不沿着常规线性趋势发展，例如核武器的出现就改变了整个人类的军事思想,1991 年的海湾战争也让世界各国认识到二战模式的传统战争已被新一代战争模式所取代。多场景分析恰好可以帮助人们挑战常规思路进而知晓更多其他可能发生的情况,帮助国防战略规划者更好了解未来的安全环境,帮助决策者认识未来的不确定性和需要发展哪些军事能力以应付这些不确定性,等等。

其二,多场景分析有助于人们挑战传统观念并发现思维死角,特别是有助于决策者挑战认知中既存的对未来的看法,并在发现潜在威胁时协助执行者确定可预防其成为现实威胁的相关能力,以及在潜在威胁成为现实后消除它的方法。事实上,马歇尔经常告诉净评估办公室的下属:"不要告诉我'这件事情会发生,我非常确定',也不要压制其他不同意见或其他可能出现的场景,更不要表现出一种你什么都明白都确定的态度。"这也是净评估方法的一个重要特点,即不会立即认定一种可能而忽略事态的真实发展变化。

大型官方机构和组织通常都会有具有自身特色的相对固化的思维模式和观点。这些思维模式和观点可能在某一历史时期是有效的,但随着时间和环境的变化,不对其进行改变可能会带来严重后果。如在 2020 年的纳卡冲突中,阿塞拜疆大量使用无人机,以非传统的作战方式压制了亚美尼亚军队,然而可能是由于这两个国家体量小、地处偏僻,所以各国军界和防务分析界多以传统的政治和军事观点对此次冲突进行解读,并未对无人机作战予以应有重视,以至于在两年后爆发的俄罗斯和乌克兰军事冲突中，双方均遭到无人机的重大打击。

运用多场景分析方法时也要注意避免两个思维陷阱。

首先，人为设想出的场景不代表它是设想人希望未来发生的情况，更不代表它一定会发生。多场景分析主要用于提出未来各种可能的发展情况，冲突可能在哪些地方发生，以及国家利益会受到怎样的挑战。这个研究工具的主要作用是向美国国防部的规划者们揭示未来世界的多种可能性，以及它们可能带来的影响。一般要求多场景分析重点关注未来可能发生的意外事件，因为从心理学上讲，人们更愿意去设想自己喜欢的结果，而避免去想自己不愿看到的结果，但事实证明很多人不愿意想的意外事件却常常发生，如此带来的后果可想而知。

一定要记住，净评估的原始目标是配合有关方面避免战争，而不是让假设的场景成为现实以证明自己的预测是准确的。使用多场景分析时也要抱着实事求是的原则，不能因为之前提出了某种可能性，就根据论点找论据，牵强附会证明自己的预测观点。简言之，在做此类研究时，分析人员一定要客观公正，要建立一些具体规则来保证研究质量，这是做多场景分析一定要注意的一个问题。

其次，假设场景和展望未来的目的是让决策者能思考更多的可能性，而不是让他们相信和依赖某种预测结果，因此决策者不能一味按照预测做规划。每一个做场景分析和兵棋推演的人都应该清楚,场景分析不是预测未来,未来是不可能准确预测的。

四、兵棋推演

兵棋推演圈内有一句俗话:如果你清楚你的问题,兵棋推演对你没有帮助,兵棋推演主要用于当你确实不知道可能会发生什么的时候。也就是说,兵棋推演这个工具可帮助分析者把握不确定性。美国前国防部副部长沃克曾在净评估办公室从事兵棋推演工作,他在一次讲座中提到兵棋推演的好处:"你反复推演各种场景,逐渐你的脑子里就会出现很多场景,为你以后规划和处理突发情况做好铺垫。"

当遭遇不确定因素时,采用多场景分析进行处理固然是一种很好的办法,但是这些场景只是静态画面,难以从中推测他人(对手和盟友等)可能做出什么样的动态反应。而兵棋推演就显得更加灵活,因为它在描绘场景之外还加入了参与者的互动。这些互动往往会揭示出很多之前没有考虑到的因素,也就能更好地降低不确定因素带来的风险。例如,在就与特定国家的冲突和战争开展多场景分析时,兵棋推演能够展示一种相对动态的画面,作战双方的互动会导致很多出乎意料的事件发生①,这也就让分析更接近实战,并进一步减少不确定因素带来的风险。

---

① 中国古代有个著名的"墨子救宋"的典故:公输般为楚王制造(转下页)

好的净评估应当拟出一系列想定，考虑可能出现的不同情况。决策者和计划制定者应充分了解他们在战时可能遭遇的情况的多样性，并能对可能的意外转折进行充分准备。在兵棋推演系统被引入之前，美国一直使用"标准战略交换模型与计算"方法，假设在苏联发动大规模核攻击后美国立即以大规模报复性核打击回应。而净评估办公室所遵从的理论则认为，这种方法所创立的假设只关注大规模核交换，却极少关注此前可能发生的危机、有限核选项和地区战争升级选项，也极少考虑大规模核交换之后的举措，而这些都是制定国家战略计划时必须考虑的内容。

对苏联研究的长期积累为净评估办公室进行更贴近真实的兵棋推演提供了重要的基础。以美苏核平衡的评估为例，事实上，无论是简单的"数豆子"，还是纳入性能指标的静态衡量方法，都不能体现美苏双方核力量演变的关系，而将美苏双方的核力量、核力量的衡量和评估标准，以及诸如指挥与控制、通信与情报、主被动防御和跨过核门槛后维持国家领导能力等等难以衡量的因素全部组合在一起运作，形成

（接上页）了云梯，准备攻打宋国，墨子听闻此事，长途跋涉十天来到楚国，在口头说服之外，又以腰带为城、木片为梯，与公输般现场推演攻守城战，最终击败了公输般，使得楚王放弃了攻宋的打算。这其实就是一场古典兵棋推演，楚王原先的预测是可以使用云梯这种先进装备顺利打败宋国，然而在兵棋推演过程中，出现了出乎其意料的情况，导致楚军无法攻破宋国的城池。可想而知，如果这不是兵棋推演，而是实战，楚军会白白损失多少人命。

的整体动态画面就是对美苏核平衡的兵棋推演。

最后简要介绍一下与净评估有关的兵棋推演系统。

1954年,兰德公司的戈德哈默提出了一套对美军兵棋推演影响深远的核条件下冷战兵棋,后来这类政治-军事兵棋逐渐替代传统兵棋,被美国国防部接纳和采用。这套兵棋也将马歇尔引入净评估领域,对他本人及净评估办公室产生了深远影响。

在戈德哈默设计的兵棋中,特定国家政府由一名或一组了解这个国家政治系统的分析人员代表。此外还设有一个名为"自然"的小组,该小组的任务是描述外部世界所发生的政府无法控制的事件,如科学技术的发展、重要人物的死亡、非政府政治行为、饥荒和群众事件等。推演中代表美国的一方可以采取任何适当的战略,而外国一方则需要遵循时下该国采取的政策,这种设计的目的是让美国一方有足够的灵活性来了解整个战略形势。

戈德哈默及其团队在1955年到1956年初实施了四次推演。前两次推演均持续了几天时间,推演人员包括他本人、马歇尔,以及其他三个兰德分析人员。第三次推演持续了四个星期。第四次推演的参加人是包括国务院外交事务工作人员在内的十三人。第四次推演引入了对未来情况的推测,其中的未来场景是对1957年年初情况的预测,而这种对未来场景的预测最终成为这套兵棋的固有特点和推演方式。参加这套兵棋推演的很多人后来都成了美国政府工作人员,其中包括基辛格和马歇尔。

除了兰德公司的这套兵棋之外，美国其他地方也有不同兵棋出现。二十世纪七十年代，商业兵棋开始对专业兵棋产生影响，军队兵棋用户和设计者们发现，相比国防承包商为军队开发的那些复杂和高度电脑化的兵棋而言，商业兵棋采用的一些简单技术更加高效。

二十世纪七十年代末，为了寻找"用于分析美苏之间军事平衡的更系统的分析方式"，马歇尔和兵棋开发专家邓尼根在五角大楼进行了一次会谈，邓尼根表示可以为净评估办公室开发一套全球战争模拟系统，并且只需要当时与净评估办公室有类似系统合约的兰德公司所收费用的五分之一。他最后得到了净评估办公室开发一套全球级兵棋系统的合约，这套名为"战略分析模拟"的系统一直被使用至今，它被用于协助美国最高指挥层、参谋长联席会议、战区司令和舰队指挥层的决策分析。这套系统在美国国防大学使用尤多，它被用于支持该校每年的学习和训练，并在多次实践中得到该校学生的改进。

上段所说的兰德公司类似合约（系统），指的是兰德战略评估系统。

在净评估办公室成立之初，马歇尔一直苦恼于无真正有效的分析模型和兵棋推演系统可用。1978年美国国防科学委员会举办的夏季研讨会加深了他的这个观点，会后他决定开发一套旨在提高美苏核竞赛评估质量的新兵棋推演系统。

1979 年,为了提高用于战略核武器、指挥控制和后勤保障分析的(兵棋推演)分析方法的有效性,美国国防部正式批准由净评估办公室总体负责新分析方法的研发,该方法原则上应考虑丰富的作战现实情况及其带来的不确定因素。为此,净评估办公室在发布的招标公告中宣称:项目的目的是为兵力设计者、作战规划者和美苏战略平衡分析人员开发一套新的分析方法,它要能够探索更复杂的场景,并将真人判断和电脑模型相结合,这套兵棋必须能够用于分析各层级核冲突、和平时期的一般冲突,以及大规模核战争等所有可能的复杂情况。

在经过一番比较后,兰德公司的提案最后得到采纳。在净评估办公室的支持下,兰德公司在 1979 年成立了兰德战略评估中心,专门致力于开发一套基于作战模拟和建模分析的自动化和电脑化兵棋推演系统,用于改善国防部的战略分析方法。这套系统后来被称为"兰德战略评估系统"①。该系统包含对北欧、中欧、东南欧、西南亚和东北亚五个战区的详细模型,可作为有人类玩家介入的半自动到全自动代理系

---

① 作为一种分析工具,兰德战略评估系统的起源可以追溯到二十世纪五十年代初。当时中国人民志愿军在朝鲜战争中正面击退了美军,这完全出乎美国的意料。美国有关方面由此开始担心中国在亚洲对其构成所谓"安全威胁",出于这种担心,兰德开始大规模研究泰国、缅甸、韩国和越南等地的假想战争,而人工兵棋推演就是分析这些假想战争最主要的方法,也是兰德公司后来一系列自动化和电脑化战略评估系统的前身,但这些传统的人工兵棋推演系统通常效率低、速度慢,并且只能处理一种场景。

统,也可不经由人工操作模拟战争情景。相比传统人工兵棋推演系统,兰德战略评估系统大量使用信息技术,不仅加快了推演速度,而且能提供多个场景用于测试。

兰德战略评估系统项目在 1980 年 4 月正式启动,直到1992 年停止开发。研发初期明确的目标包括:创建一个用于分析和讨论世界范围内的军事战略的综合框架,创造可测试各种变量的多场景分析能力,通过处理平时忽略的因素提高现实分析意识,增强对战略动态性的理解。

兰德战略评估系统主要包括三个功能部分:指挥和政府代理、战役、兰德战略评估系统软件。

评估系统中的红方(华约)和蓝方(北约)分别由被称为"红色代理"和"蓝色代理"的仿真模型扮演。红色代理和蓝色代理均由四层代理模型构成,包括国家指挥层(负责施行国家最高政治决策层的职责)、总指挥层(负责执行中央军事和外交行动,施行参谋长联席会议、国务院或国家安全委员会的职责)、超级战区指挥层及其下属区域指挥层(代表特定的战区)。

除此之外,评估系统还包括用于模拟第三国的"场景代理",负责记录世界范围内的军事力量和战事结果的"力量代理",负责控制各代理间的互动和记录系统运行情况的"系统监视者"。场景代理只是一个单层模型,模拟美苏之外的第三方国家,且只负责做一些政治决策,例如把本国部队交由红色代理或蓝色代理指挥,或给美苏两个超级大国提供从本

国领空穿越和在本国领土设立基地的权利,或者也可能决定
保持中立。力量代理本身就是一个由多种战争和地理模型
组成的集成软件系统,可以看成是一个比兰德战略评估系统
更简单的包含红、蓝双方的兵棋推演系统。

　　这套系统在发展初期就考虑到未来国家行为的不确定
性,因此在建模时要求仿真模型可以反映出这种不确定性,
这就使这套系统中包含了多种可能的国家行为模式。简言
之,在建模时会为红方和蓝方代理设置多个维度的备选特
征,红方和蓝方国家指挥层的模型分别被称为"伊万"和"山
姆"。因此,红方的几种特征行为模型分别被称为"伊万 1"
"伊万 2""伊万 3"等,蓝方的被称为"山姆 1""山姆 2""山姆
3"等,这样就避免了一般评估分析总是在未来预测中选取一
个最优判断(实际情况往往相反)而忽略不确定性影响的
问题。

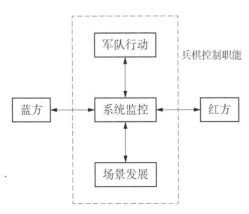

图 2-1　自动化推演结构

作为一个全球兵棋推演和分析系统，兰德战略评估系统拥有一个包含全世界几乎所有主要国家的战役数据库。从项目开始一直到1989年发布的4.0版本，兰德战略评估系统都主要用于美苏战略力量平衡的分析，因此系统和数据都是基于两极世界而设计的。由于1989年后全球战略环境的变化，特别是1991年苏联的解体，自1991年的4.6版本起，该系统开始面向多极化世界发展和设计。

兰德战略评估系统在很大程度上使用电脑仿真模型取代了传统人工团队，这使得兵棋推演更有效率、更加严密、也更利于分析。虽然其初衷是分析核战略，但这个系统很快被用于其他国家级战略问题的分析，相比注重预测战斗结果的传统军事模型，该系统为美军提供了一个相对更全面地研究军事战略和行动的推演工具。

不过，用电脑仿真模型进行自动化模拟推演也有局限性，例如电脑推演很难处理黑天鹅事件，而人脑比电脑更擅长在信息不确定的情况下进行适当的判断，这一点也是使用自动化模拟推演时需要注意的。

兰德战略评估系统的开发初衷主要是为了研究美苏两个超级大国之间的冲突，二十世纪九十年代初，这个项目因为冷战结束和战略环境变化等原因被暂停，此后项目组整合了原兰德战略评估系统的两个战区模型并开发了一个新的一体化战区模型，并将其用于一个更适应冷战后国际战略环境的新模拟推演系统，即"联合一体化应急模型"。

联合一体化应急模型是一个集战略和作战两个层面于一身的模拟系统，它沿用了兰德战略评估系统的数据和模型库，也开发了适合冷战后局势的新模型和数据。该系统开发人员也明确指出，这个系统主要用于对未来战争、武器技术和战术的评估等。因此联合一体化应急模型系统主要继承了兰德战略评估系统在作战模型方面的特性，其他一些诸如政治和司令官一级的模型在新系统中被放弃了。也就是说相比之前作为最高决策层政治-军事模拟系统的兰德战略评估系统而言，联合一体化应急模型降级成了战役级别的模拟系统。

兰德战略评估系统和联合一体化应急模型分别为冷战和后冷战时期美国的国防战略制定和作战分析做出了巨大贡献。其中，联合一体化应急模型作为联合参谋部的一个重要分析工具，至今仍在支持美国参谋长联席会议、各作战司令部、军种和联合分析人员的分析作业方面扮演着重要角色，并被其他多个国家的军队所采用。

第三章
净评估的实践

第一节　冷战中后期的净评估实践

　　自二十世纪七十年代初成立直至冷战结束，净评估办公室的主要工作均围绕美苏竞争展开，相关净评估报告直接呈递美国国防部部长，并通过国防部部长间接影响到总统。

一、对和平时期竞争的净评估活动

　　二十世纪七十年代，美国主流观点认为苏联非常强大和稳定，特别是在军事方面。持主流观点的很多人倾向于对苏联实行缓和政策，即使是不支持缓和政策的人也大多相信苏联非常强大，甚至还有些人认为即便美国能够加强军事实力，在面对苏联时也占不了上风。但也有一些人相信美国能够在与苏联的竞争中占据上风，并且质疑苏联的经济状况是否真如很多分析人士认为的那么好，他们中的不少人也相信美国拥有的资源和技术能够使美国在美苏竞争中占据上风，这其中的代表人物之一就是施莱辛格,当然也包括他的好友马歇尔。

(一)长期竞争的战略分析框架

早在二十世纪六十年代,马歇尔就指出美苏之间的竞争将是一场整体而言是在和平环境下进行的长期竞争。这种想法在当时并不多见,因为大部分人(此时的社会中坚层很多参加过二战甚至一战)都专注于美苏之间的相互核威慑,认为战争甚至核战争随时有可能发生。

在正式接受基辛格邀请担任国家安全委员会净评估小组组长之前,马歇尔已经在对苏长期竞争方面有了成熟的思想,并协助基辛格开展了很多工作。1970 年,经过对美苏长期竞争的深入思考,他完成了题为《与苏联的长期竞争:一个战略分析框架》的文章,他在这篇文章中提出的长期竞争框架被不少人称为美国冷战战略的分水岭。

首先,文章在开头开宗明义地探讨了美苏长期战略竞争的本质问题。文章的基础观点是美苏之间的军事竞赛将会持续很久,而美国在核态势和能力方面的决策应当以提高自身竞争地位为目的,强化美国的优势领域,并且充分利用苏联的弱点和偏好给其制造难题,由此增加苏联的选择成本。与当时的军控支持者不同,文章认为美苏之间持续的战略竞争不可避免,即使按照(现有技术条件下的)某种标准达成军控协议,社会的普遍技术发展也会为两国战略力量的发展提供新的选项。

其次，文章认为要理解竞争的现状和特性，必须更详细地阐明各种竞争领域和竞争强度，特别是要更充分地比较美苏双方研发规划的决策流程，因为战略竞争更多表现在武器装备的质量上而非数量上；同时还要充分了解两国兵力态势规划和武器采购流程的差异，因为这种差异会显著影响两国兵力的类别、数量、组织和作战方式。

再次，美苏战略竞争的互动过程也并非军控支持者宣称的某种紧密耦合的行动与反行动过程，双方的真实决策都是在大而复杂的官僚机构中产生的，比如美苏的军事开支水平就不是对另一国特定军事举措的直接反应，而是各自独立预算流程的一部分。美苏战略互动是一个复杂而缓慢变化的过程，特别是苏联的决策流程是在复杂的组织聚合体和官僚体制中产生的，因此具有有限理性的特点和所有大型组织内部都有的典型的内部协调问题。所以绝对不能将其决策流程假定为一个由中央决策单位有效掌控，依据一套简单目标或军事战略做出决定的理想过程。

通常而言，每个军事组织都要适应包括其主要对手军事态势变化、技术演进、政治环境变化等在内的环境变化。要适应这些变化就需要对本组织的目标、战略和计划等进行阶段性重大调整。而国家级军事组织都是多个子组织的聚合体，对外界环境变化的认知和刺激是由这些子组织直接感知和应对，比如，一旦美国的军事态势发生变化，苏联军事组织中与此变化有利益相关的子组织就会将其视为调整苏联军事计划的理由,并在此过程中制定或加强有利于自身的计划。因此,要理解美国某些特定军事态势变化对苏联军事态势的潜在影响,就必须知道苏联国家军事组织中最可能感知该变化的是哪些子组织,他们的组织目标是什么,以及有哪些应对变化的有利机会。一般来说,美国保持低预算水平也许会让苏联也降低或至少稳定在当前的预算水平,但美国在某些方面的克制也许反而会鼓励苏联加强相应方面的建设。

此外,文章认为引导苏联将开支持续投入对美国威胁较小的领域是有可能的,但相关信号传递必须更好地指向相关目标。文章还对美国的长期战略竞争提出了一些建议,如在研发战略方面美国要考虑如何利用苏联的发展节省己方资源,选择在哪些领域保持领先,以及如何投资建立新的比较优势。此处的关键点就是寻找美国的比较优势,并将战略竞争引向这些领域(如当时美国占据优势的计算机技术、民用技术转军用能力等领域)。再如要引导对方的资源分配远离对美方极具威胁的项目。总之,文章提出了长期战略竞争中的两个决策思路:一是寻找美国对苏联的竞争优势,包括将竞争引入美国占优势的领域,并发展新的比较优势;二是大幅提升美国采购和运行战略力量的资源利用效率,包括改善决策程序并实现比对手更好的组织和管理。

文章最后指出,要全面落实这套竞争战略必须引入新的兵力态势规划方法,一是将推演作为主要的分析工具,用复杂的标准来衡量兵力态势规划是否反映美国长期竞争目标的多样性,是否适用于与美国战略力量相关的一系列场景;二是加速研究不确定因素下的决策技术,比如运用贝叶斯法改善风险平衡;三是改良情报评估和其他信息输入端,展现不同的苏联兵力态势趋势,并纳入苏联决策模型;四是要改良评估双方军事力量的净评估方法,不能如过去那样只关注兵力的数量和技术质量,这类评估未来还应包含美苏双方投资建设战略力量的相对效率,以及作战实践、战备水平和其他评估军事效能的重要因素,并确定一套能反映四到五年长期竞争状态的指标。

(二) 竞争战略

1981 年年初,里根履任美国总统一职。他认为美国军事力量在各方面落后于苏联,美国的目标应该是在军事上全面追赶苏联,正因如此,时任美国国防部部长温伯格认为不需要细致评估美苏军事实力的相对位置,只需利用好国会拨给的大笔资金全面发展美国军力即可,也就是说不存在分配稀缺资源的问题。

尽管温伯格在上任初期并不认可和重视净评估的价值,但净评估办公室还是对其任期的后半程产生了显著的影响。1981 年,温伯格在国防大学成立了战略概念发展中心,由前述为净评估办公室"186 计划"提供数据支撑的卡伯担任中心主任兼温伯格本人的战略顾问。1983 年 6 月,在卡伯的带领下,该中心设计并实施了名为"自豪先知"的兵棋推演,依次检验了包括"预警即发射""战争升级""有限核战争"等在内的美国核战争策略。在这次推演中,尽管红蓝双方在演习中极力避免核战争,但结果仍以大规模核战争告终。温伯格全程参与了这次推演,并且亲自进行了应对决策,这场兵棋推演对温伯格对战略问题的思考产生了重大影响,战略威慑的失败和最终走向核战争的推演结果使他坚定了一定要设法避免核战争的信念。

如何避免核战争这一问题持续困扰着温伯格,直到里根的第二个总统任期,还有不少批评家指责身为国防部部长的他缺少系统战略思想,因此他向当时正担任其特别顾问的哈佛大学肯尼迪学院院长艾利森寻求帮助,请艾利森帮忙构思可以避免核战争的新战略。艾利森恰好曾是马歇尔在兰德公司钻研组织行为理论时组建的"梅小组"的成员。当温伯格前来求助时,他自然而然地找了马歇尔协助解决问题,马歇尔立即拿出了实施"竞争战略"的建议,温伯格采纳了这一建议,并在 1986 年提交给国会的年度报告中表示竞争战略是国防部在里根任期内的主题。

温伯格的竞争战略可以说是对马歇尔长期战略竞争理论的全盘接纳,在报告中他指出自己理解的竞争战略是一种降低苏联行动效率的方法,是将竞争导向使苏联花费更多资源而美国仍能占据优势的领域,创造条件刺激苏联向对美国威胁较小的领域投入不对称的大量资金。1986 年,温伯格在《外交事务》上公开发表的一篇文章中表示,"要落实安全威慑的整体战略需要一系列利用我们的优势,同时利用对手弱点的战略"，此外"通过强调特殊的竞争优势来重建我们的军队非常重要"，而且"即便总体预算受限，明智合理地运用竞争战略也将使我们维持有效武力"，他还认为即便诸如美国的飞机、舰船和坦克这类作战平台无法追平苏联，竞争战略也会帮助美国保有战略安全威慑力。之后他提到两个例子，一是通过强化轰炸机的低空突防能力迫使苏联将大量资源转用于发展防空能力，二是通过发展反潜战能力迫使苏联海军留在本土附近保护其弹道导弹潜艇部队，由此迫使苏联加强防御方面的投入而减缓其对进攻性能力的发展。1987年11月，卡卢奇接任国防部部长一职后依然致力于推行竞争战略。

竞争战略本质上是一种根据对竞争环境的分析，帮助决策者在经费紧张的情况下，利用非对称方式进行相对高效率、低投入竞争的战略。所有竞争战略都需要定义其追求的战略目标，就当时的美苏长期竞争而言，这个战略目标是把这场竞争引入对美国而言相对稳定、威胁较小的领域，例如迫使苏联专注于防守从而降低其攻击能力投资，或将其投资导向效率较低的领域。

在该战略的指导下，"从施莱辛格到冷战结束，每个国防部部长都鼓励苏联将其战略导弹部队朝不太令美国担忧的方向发展"。里根任期内开始实施的著名的"星球大战计划"就是与此战略相关的一个突出案例，虽然里根的很多顾问也怀疑"星球大战计划"的可行性，但是这个计划确实很好地利用了苏联领导层的恐惧心理。实际上,在美方看来,正是因为这个计划给苏联领导层心理层面带来的压力,苏联才在戈尔巴乔夫上台前就很不情愿地接受了需要同美国展开核裁军谈判这个事实。

冷战结束后,美国战略研究界将很大一块注意力转向中国,因为中国最有可能因快速的经济发展而对美国作为全球唯一超级大国的地位构成威胁。在这种"战略不对称性"思维背景下,1995 年,净评估办公室在一份题为《亚洲 2025》的研究报告中给出结论:相比其他事务,美国应优先将主要战略重心转移到亚洲。美国在冷战时期与苏联开展长期和平战略竞争的理念和经验,又在中美竞争中找到了新的落脚点。

(三)苏联阿富汗战争与美国的相关净评估

曾担任净评估办公室伊斯兰事务顾问的哈罗德·罗德曾说:"事实上,与大多数官员所担心的正好相反,净评估流程是很简单的。大多数官员似乎只关注解决摆在桌面上的近在眼前的问题,而不思考产生这些问题的环境。这就像'头痛医头,脚痛医脚'一样,不追究病根是无法除掉病根的。相反,医生若能了解患者为什么生病,从而制定一套有效的医疗战略,就能确保药到病除且不再犯。"他认为净评估流程可简化为三个步骤:第一步是充分理解问题产生的前因后果,第二步是设计一个解决问题的战略,第三步是在设计好的战略框架下选择一种战术。

下面以苏联入侵阿富汗战争为背景，看看美国是如何展开相关净评估，从而找到对抗苏联的战略及相关战术的。

第一步：发现和了解战争中出现的问题，探索美国能获取哪些苏联入侵阿富汗战争的相关信息来帮助美国对抗苏联。

例如，在苏联入侵阿富汗战争中，苏军士兵得某型传染病的比例很高。这是如何发生的？能否阻止这一切的发生？苏联人是怎样尝试处理这一问题的？苏联人的处理方式反映了苏联怎样的军事、政治和社会状态？

当时，美国注意到苏联方面为士兵检测传染病的方法：他们先从不同的士兵那里提取八份血液样本并取出一部分混合在一起，然后检测混合样本中是否有病毒，如果检测结果为阳性，他们会将剩余的血液样本分成各四个样本的两组，然后继续按组检测，如果一组为阳性，另一组为阴性，他们就会把检测为阳性的样本再一次分成两组样本，以此类推。苏联为什么要使用这种检测方法？很明显是为了节省资金和时间成本。

此外，当时苏联使用的注射器也是可重复使用的玻璃制品，在每次使用之后要通过煮沸来确保下次使用不会感染其他人。然而此时一次性塑料注射器的生产技术已经存在，苏联却既没有生产也没有进口这种注射器，原因是什么？使用一次性注射器显然要比使用可重复使用的玻璃注射器节省时间，因此美国分析人员认为苏方不使用塑料注射器的唯一目的就是省钱。但是很多检测是在战场条件下进行的,所以医务人员无法对用过的玻璃注射器进行煮沸消毒,另外,在阿富汗的苏军士兵由于长期精神紧张,所以有时候会注射一些药物来逃避负面情绪,在这种情况下他们经常共用受污染的注射器。这也是造成苏军大量被传染病传染的原因之一。

很显然,从传染病广泛传播的结果事实来看,苏联未能解决士兵们使用被污染的注射器的问题。那么他们为什么不购买一次性塑料注射器来节省检测时间并减少私下里共用针头的使用? 事实上,当时有许多外国人尝试向苏联方面出售一次性针头但都失败了。这能否说明苏联没有钱购买这些针头? 如果是这样,这能反映苏联的经济状况吗?

第二步:发展一套战略对抗苏联,使其败退或撤出阿富汗,甚至在可能的情况下推翻苏联。美国能否让苏联的开支超过一个阈值,使其别无选择只能让步? 有没有办法不战而屈人之兵?

当美国通过对各种问题的分析了解到苏联经济极有可能无法长期支撑这场战争时,美国战略界都在想方设法增加苏联的经济压力,想使其达到一个阈值,以迫使苏联必须在打不下去的战争和"投降"之间做选择。最终美国人设计了很多方法在避免美苏直接开战的前提下增加苏联的压力。

第三步:选择能使美国对苏战略成功的战术

美国的对苏竞争战略非常强调找出自身的强项和对手的弱点。当美国发觉苏联这辆汽车正在全速向前开进,却没剩多少汽油时，就明白增加经济压力是达成击败苏联这一目的的最佳战略。另一方面，美国也拥有近乎无限的经济手段来拖垮苏联。在此背景下，美国设计了许多具体战术来进一步削弱苏联综合实力，以下例举若干：

战术之一：美国政府通过了名为"杰克逊-瓦尼克修正案"的立法，为授予苏联最惠国待遇附加了条件，法案要求在苏联允许犹太人自由移民国外之前禁止给予苏联最惠国待遇。

苏联当时非常想从美国那里获得贸易最惠国待遇，这样可以使苏联以更低的关税成本从美国进口急需的物资。而美国则用最惠国待遇这根"胡萝卜"持续诱导苏联政策的导向。除了"杰克逊-瓦尼克修正案"这种正规立法外，美国人还利用各种小伎俩来压迫苏联让步。例如有一次，里根在白宫与戈尔巴乔夫展开会晤，同时外面聚集了很多人抗议苏联不允许犹太人自由移民国外。戈尔巴乔夫当时要求里根支持给予苏联最惠国待遇，而里根只是拉开窗帘露出街上的人群，回答说："我要怎么和这些人说呢？"然后继续向戈尔巴乔夫施压。

战术之二：美国严格限制技术转移，阻止苏联获得用以维持对西方竞争力所急需的技术。

这迫使苏联投入更多财政资源开发无法从西方获得的技术。

战术之三：美国在"星球大战计划"上投入了巨额资金，

包括在太空中运用激光技术,虽然当时美国完全不知道这是否有实际作用。

作为回应,苏联也投入巨资研发弹道导弹技术,并竭尽所能试图阻止美国实施"星球大战计划"。但是事实证明,苏联根本没有参与该项竞争的足够国家资源。冷战结束后,诸多专家均认为"星球大战计划"引发的相关竞争是将苏联拖入财政破产境地的即便不是唯一重要,但也是非常重要的一个原因。

综上可以看出,净评估帮助美国了解了苏联的各项能力水平,了解了苏联政府的困难经济环境,并发展出旨在终结苏联的具体战术方法。事实上,如果美国政府只遵循传统模式考虑解决日常面对的问题,那么冷战极有可能不会以苏联崩塌式解体这种甚至连美国人也没想到的方式突然终结。而冷战的突然终结,也可说是历史之神为了对人类展示"不确定性"之客观存在而开的一个黑色玩笑。

二、对核力量的净评估活动

二十世纪七十年代中期,中情局被指责在一系列国家情报评估中低估了苏联的核实力,因此中情局在白宫的敦促下于 1976 年组建了跨部门小组,重新评估和分析美苏之间的战略核武器平衡,马歇尔也位列专家组成员之一。经过研究,小组认为苏联正在努力追求所有军事领域包括核武器方面的战略优势。当时任美国国防部部长拉姆斯菲尔德向马歇尔咨询未来十到十五年的战略核竞赛走向时，他指出美国相对苏联正在慢慢失去优势，静态指标表明苏联在弹道导弹投射重量、爆炸威力、洲际弹道导弹和潜射弹道导弹等方面都在赶超美国，动态衡量也表明美国以发射井为基础的洲际弹道导弹的脆弱性日益上升，如果美国的二次核打击报复能力被削弱，可能会加强苏联主动发起核战争的倾向。对此，马歇尔仍然从竞争战略的角度出发，建议开发一套策略，让苏联在国防发展中面对艰难的选择，并背负更沉重的开支负担。

1977 年，新任总统卡特签署了题为《综合净评估和军力态势评估》的备忘录，要求重新审查美国的国家安全需求。事实上，净评估办公室在当年早些时候已经完成了对美苏战略核武器的评估工作，其成果也在报告中得到呈现。卡特总统在阅读《综合净评估和军力态势评估》之后便发布了《美国国家战略》文件，其中参考了净评估办公室评估报告的部分结论和观点，提到美国核力量仍与苏联保持着等效的核态势，核力量应足以慑阻苏联对美国本土和盟国的攻击，如果威慑失败也应足以发起报复反击，为保持这一态势，美国国家战略应充分利用美国在经济上的相对优势和在技术上的绝对优势。但当时受到总体国家财政环境的影响，增加国防开支的选项并不受国防部以外其他部门的欢迎，因此文件中的一些观点并没有得到具体落实。

1981 年里根接任美国总统一职，他个人非常关注美苏战略核平衡的问题,认为尽管美国努力维持核竞赛的稳定,但苏联正以惊人速度开展现代化,并坚信美国在军事能力上远远落后于苏联,因此主张大幅提高国防预算,并创下了美国和平年代军费开支增长的新高峰。应中情局加强与国防部合作的要求,时任国防部部长温伯格同意将净评估办公室置于国防部和中情局的联合指导之下,并针对里根总统关心的战略核平衡问题开展联合净评估,最终于 1983 年公布了研究成果《联合净评估:美苏的战略力量》。虽然早在二十世纪七十年代,净评估办公室就已经意识到探求苏联对核竞赛的评估方法和结论的重要性,但直到这份报告才正式阐明了苏联军力评估采用的衡量标准与西方的不同,这标志着净评估工作进一步走向成熟。

虽然该报告目前仅解密公开了部分内容,且以结论为主而不包含详细的分析过程,但其依旧是迄今为止公开渠道可获取的唯一一份明确表示净评估办公室参与拟定且公布的内容相对完整的报告,其思路和结构仍可作为重要参考。

该报告已解密部分所揭示之要点简介如下。

1. 美苏战略力量平衡分析的常见局限

报告开篇首先反思并指明了当时美国研究美苏战略力量平衡的多个局限。其一是场景受限,当时大部分研究还是只考虑对抗烈度最大但不是最可能发生的场景,即美苏之间的大规模核交换,却很少考虑在战区战争中使用核力量,或利用核力量控制局势升级的情况,也不考虑大规模核打击之后重建剩余力量的问题。其二是大部分计算大规模核交换的数学模型采用简单化假设，几乎不考虑随时间变化的行动顺序，也不考虑其他作战要素，比如直到最近才开始考虑失去 C^3I 的后果。其三是忽视苏联评估军事平衡的方法，当时的研究很少关注苏联认为重要的因素，无视苏联评估标准与美国的区别，没有研究苏联的战争概念、假设场景及部队的角色与任务。此外，已有的研究成果大多忽视美国盟军的作用，也不考虑美苏防御力量的不对称性和苏联的力量重建等问题。

由此可见，该报告认可的美苏战略力量平衡评估必须包含三个方面：一是尽可能贴近苏联对战略平衡的评估；二是考虑军事力量在大规模核交换之外其他场景中的表现，如在战区传统战争和向战区核战争甚至全面核战争的升级，以及大规模核交换之后的长期战争中的表现；三是考察盟友及其他第三方力量。因此这份报告特别考量了苏联方面的评估方法和结论，将美苏武器和兵力态势的潜在作战能力放在一起比较，并检验了一系列冲突场景对战略力量平衡的影响。

2. 美苏战略思想的差异

报告指出，美国的威慑是否成功取决于苏联方面对苏美平衡的评估，因此必须看到美苏战略思想之间存在的差异。苏联领导人强烈希望避免大规模的核战争，这使得苏联领导人非常担心直接卷入地区冲突，并因此大力投资建设能给他们带来相对优势的能力。苏联对核威慑的主要观点是：只要拥有更强大和更具优势的核能力,就可以向其他各方施加影响而不必使用核武器。美国方面则强调核战争的可能性很低,类似程度的综合规划没有必要,而且也很少关注一旦发生核战争要如何应对。战略思想的差异也相应地反映在双方兵力态势的不对称性上,苏联相对更追求开展和赢得核战争的优势能力,并一直努力提高在此类冲突中胜出的机会;美国在这方面的投资则显得相对不足(部分是因为当时美国整体国防开支的限制)。

3. 静态评估分析优劣势

报告从战略进攻力量(运载工具、弹道导弹投掷重量、已部署武器、硬目标杀伤能力等)、主动防御(反弹道导弹系统、反战术弹道导弹系统、防空、反潜战等)、被动防御以及 C^3I 系统四个角度,比较了美苏双方战略力量在过去十年里的发展,并分析得出了相应的关键趋势和不对称性。总体来说,统计结果呈现出不利于美国的发展趋势,苏联的进攻力量在这十年间几乎追平美国,美国仍然稍有优势,但苏联相关能力的增长远快于美国。此外在主动防御方面,苏联也增加了很多移动目标,并持续强化其防空反导能力。美国军事和工业设施的被动防御措施不佳,早期的庇护所已经过时,C^3I 体系也难以从苏联的核打击中幸存下来,实施报复性打击的能力堪忧。

但考虑到目前双方战略力量平衡的基础和未来的投资计划,还是存在一些对美国而言积极的趋势。第一,美国正

大力投资 C^3I 系统的生存能力，这可以增加苏联成功阻止美国核打击一事的不确定性，这或许可以降低苏联方面发动先发制人打击的可能性，加强危险平衡的稳定性。第二，美国弹道导弹硬目标杀伤弹头的数量将在未来十年持续增加，几千枚空射巡航导弹的引入也将给非常依赖发射井发射洲际导弹的苏联带来压力。第三，美国越来越注重核战争中的防御和生存能力问题。第四，尽管苏联大力投资国土防空，美国轰炸机仍有能力通过运用低空战术、防御压制和防御躲避等方式突破苏联对空防御，弹道导弹攻击仍可以饱和轰炸莫斯科的弹道导弹防御系统，因此苏联将巨额资金投入防御建设反而使美国得利。B–1轰炸机、空射巡航导弹、先进的隐身技术将使苏联的投资白费，并迫使其继续投资建设防御能力，而不会把这些钱花在对美国更具威胁性的系统上。最后，苏联对美国对其战略核潜艇造成的威胁非常敏感，美国的反潜战项目进一步威胁了苏联的战略核潜艇。尽管美国的技术优势在缩小，但持续的投资和占优的作战能力依旧让美国保持明显优势。同时，美国战略核潜艇的海上生存能力也保持得非常好。

4. 基于场景的动态评估

在对比美苏战略力量态势和未来投资发展趋势，并获得关于双方优劣势和不对称性的认知之后，报告为评估美国战略力量相对苏联的实际作战表现设置了一系列潜在场景，按事态发展顺序涵盖了（可能引发战争的）危机阶段、战区常规战争阶段、有限的战区核战争阶段、大规模核打击阶段、大规模核打击后的持续作战行动阶段五个阶段。针对每个阶段，报告都设置了相应的评估指标，给出了衡量结果和对各阶段双方战略力量表现的综合判断。

（1）危机

报告对危机阶段的设想是发生类似 1962 年古巴导弹危机那样的事件，并认为此时的苏联更有可能直接向美国发起挑战，最终是否会选择退却并不可知，因此美国需要在所有的危机关键点取得本土常规军事优势。本阶段采用的评估指标包括从日常戒备状态转为加强戒备状态时战备和生存能力的变化：转为加强戒备状态所需的时间，识别敌方状态所需的时间，这些时间限制对决策转为加强戒备状态的影响，以及在一段时间内保持加强戒备状态的能力。经研究发现，加强戒备状态将提高轰炸机和战略核潜艇的战备水平和分散性，并由此增加美国战略核武器的预期生存数量。此外，除部分在途的战略核潜艇，美国所有力量都可以在 42 小时[1]内达到全面戒备，大部分可以在 24 小时内疏散。最后，美国战略进攻力量可以在一到两个月内保持全面戒备状态，加强戒备状态则可保持更长时间，这方面苏联也可以做到。总体而言，美国和苏联的兵力态势都足以应对严重危机的压

---

[1] 原文如此，见中情局解密文件 *US And Soviet Strategic Forces*，TS 833355，14 November 1983.

力,且由于美国更依赖轰炸机和战略核潜艇,因此在从日常戒备状态升级到加强戒备状态时美国的进攻力量更占优势,苏联则在战略防御方面更具优势。

（2）战区常规战争

在战区常规战争阶段,报告认为一些战略力量会被用于支援常规战争,战略力量和 C^3I 可能会受到非核打击,同时战略力量必须保持加强戒备状态。该阶段采用的评估指标包括在常规战争中运用战略力量的能力,该能力运用后对战略核任务潜力的影响,战略力量及支持系统遭受非核打击后的生存能力,用非核手段打击战略力量的能力以及在常规战争阶段保持核警戒态势的能力。

报告认为,美苏双方都会在该阶段使用战略轰炸机,美国轰炸机执行战略核任务的能力或因加油机被抽调参加常规作战而被削弱。同时,双方也都有利用常规力量削弱对方战略核能力的动机。但相比美国,苏联为该阶段的消耗战做了更多准备,美国因其开放社会的特质也更易受到准军事打击和破坏的威胁。而美国在该阶段的一个重要优势是可更多消耗对手的核潜艇力量。总之,鉴于美国武器装备库存的灵活性,其战略态势较苏联更能应对常规战争的压力,但因为一些武器系统被转用,美国的战略能力可能会被削弱。常规战争将同时削弱双方的战略力量,美国潜艇力量的生存能力更强,但美国战略力量非常容易因太空支持系统受损而受到影响。

（3）有限的战区核战争

如果进一步升级到战区层面的有限核战争,美苏双方将进行一种低于大规模核打击水平的核战争,战略武器可能被用于支援常规力量,且位于庇护所之外的战略核力量必须能够从核攻击与常规攻击中生存下来,该阶段还可能涉及对双方部分本土目标的有限打击。战区核打击规模有限,主要目的是展现决心,并完成常规力量无法实现的特定关键军事目标。

本阶段采用的指标并未公开,但报告给出了评估结果:首先,美苏在本阶段都有能力针对敌方本土部队和设施开展选择性打击,物质破坏效应非常强,但功能性破坏效果相对较弱,双方都有顶住小规模攻击的作战能力;其次,美苏都以对方战略核力量的固定设施为目标,而对移动目标的打击需要近实时的目标获取能力,目前双方都还不具备;第三,美国在战区核战争中会依靠部分战略核力量,苏联可能更靠近发生冲突的战区,因此可以使用多种中程核武器系统;第四,苏联可能会攻击美国海上补给线,相反,美国要截断苏联在东欧的补给线则相对困难;最后,美国潜艇可能运用战术核武器对苏联战略核潜艇造成更多损失,但也会成为苏联核反潜武器反击的对象,目前两国太空资产面对核打击都非常脆弱。总而言之,双方都没有在该阶段占据整体优势,苏联在打击地理位置相对较近的战区目标时享有一些优势,美国则可以通过加强北约中程核力量部署来改善这一点。

（4）大规模核打击

第四个阶段是大规模核打击阶段，报告认为打击可能有三种展开方式，一是打击核力量，以敌方核力量为打击目标；二是打击军事力量，以敌方的核力量、常规力量投送部队及其指挥控制和支持设施为打击目标；三是打击社会财富，以敌方的工业能力为打击目标。

本阶段采用的评估指标包括战略力量与支持系统摧毁目标的能力、战略力量与支持系统在核攻击下的生存能力以及控制战略进攻与防御力量损失的能力。根据对各项指标的衡量，报告指出美国战略体系的生存能力高度取决于场景，关键变量包括警戒状态和发射时间，如果美国处于加强戒备状态，则苏联无法摧毁美国的大部分战略力量，但美国的领导层和 C^3I 系统面对突然打击时较为脆弱。其次，苏联发动先发制人打击的意图非常明确，而如果美国先发动核打击，苏联几乎必定会以大规模核打击回应。此外，美国无法充分摧毁苏联的核力量、领导层、C^3I 和力量投送部队，也不能有效瞄准苏联部队的移动目标。最后，在大规模核打击下，美国保障有效军事力量和指挥功能的能力相对不足，兵力投送能力、战争支持产业、关键能源系统和人民面对苏联的大规模核打击都非常脆弱。总体来看，苏联控制损失的能力强于美国，相比而言美国将遭受更严重的损失。

（5）大规模核打击后的持续作战行动

在大规模核打击之后的持续作战行动阶段中，美国的目标是保留战略和常规军事力量,借此推动双方敌对状态的终止,苏联的目标可能是切断美国对战区的地面补给,并控制苏联本土的进一步损失。经研究,报告认为苏联的生存能力和耐久力都更强,一系列大规模核打击之后,苏联可能还有大量部队和潜在的重建能力,而美国只有10％的战略力量可能从大规模核打击中幸存下来,同时还需要重建通信来控制战略核潜艇、轰炸机和剩余的洲际弹道导弹。最后,报告认为尽管美苏差距会逐渐缩小,但苏联仍将保持相对优势。

5. 苏联评估结果的差异

不过报告也指出,苏联根据自身战略目标和评估方法得到的结论可能比美国的评估结果更灰暗一些,苏联非常担忧美国反潜战能力对其潜艇的威胁,担忧美国新的武器系统研发项目,担忧无法在有效削弱美国 C^3I 系统的同时保持己方 C^3I 系统的连续性。苏联认为自己在任何一系列大规模核打击之后都可以保留数量庞大的核武器,但优势并不显著。

通过比较评估1983年和1993年双方大规模核战争的能力,报告认为苏联已经获得部分清晰优势且未来将继续保持,但双方差距会逐渐缩小,美国也不会失去慑阻大规模核战争的能力。同时,苏联对己方能力和优势的评估并不像美国方面对苏联的评估那么乐观。

6. 战略建议

根据以上评估及对苏联评估方法和结论的考察,报告认为美国的强项在于那些兵力占据优势的军事领域、经济制度、先进的技术、创新文化、政治制度和联盟。苏联的强项在于现存的庞大武器库、政策和计划的延续性、不断强化的技术基础、作为限制竞争手段的军控谈判等。基于这些发现,美国应追求更具竞争性的战略,将美苏竞争视为连续体,而不是采取竞争领域和模式相互独立的地缘政治和军事战略。这种战略要求美国战略进攻和防御态势更加多样化和复杂,并建设更强大的 C^3I 系统,给苏联的攻击制造麻烦。同时,报告还要求美国利用先进技术优势给苏联施加成本压力,使对方淘汰大部分投资计划,让对方付出更大的代价来应对美国优势(如防空)。在此,报告又一次强调了增加国防开支的重要性。

在战略态势方面,由于苏联用于评估战略平衡的"军力相关系数"涵盖了军事、技术、经济和政治等要素,美国可以通过兵力现代化建设给苏联领导层制造对美国实力与信心的新印象,比如通过新的试验来展示美国的新能力。报告认为美国国会必须好好利用多种核力量的内在优势,建设一支小规模、可移动和高精确度的洲际弹道导弹力量,其他可以使苏联攻击计划复杂化的进攻投送选项(如各种海基巡航导弹)都值得考虑。在高科技和施加成本方面,报告认为美国应通过投资引导方式使苏联武库中的大量现有库存武器被淘汰,鉴于苏联比美国更依赖发射井,双方高精确度制导导弹的发展必然使苏联的损失大于美国。双方都将追求机动性来增加生存能力,美国需要竭力保住海基弹道导弹力量的生存能力,并增加苏联方面的脆弱性,在此问题上反导和隐身技术将是重点,同时还需注意太空领域的战时能力。此外,美国还要利用对方的恐惧,令苏联对美国的能力印象深刻,相信美国是如此先进,由此增加对方决策的不确定性。在应急准备方面,一旦发生战争,双方必然承受巨大的人口、工业和军力损失,但苏联为生存特别是保存政治控制力采取了更多预防措施,美国也应在这方面做好准备。

三、对常规力量的净评估活动

除了对美苏核力量进行评估外,净评估办公室也对美苏常规军事力量的总体及地区态势平衡开展过多项净评估活动。虽然公开资料中尚未见到完整的相关评估报告,但继施莱辛格之后的两位美国国防部部长拉姆斯菲尔德和布朗都对净评估工作表现出了浓厚兴趣并认可了净评估办公室工作的价值。

拉姆斯菲尔德就任后,应其协助海军部遴选造舰计划的要求,净评估办公室提交了以《对海军的思考》为题的充分展现了竞争战略思想的报告,提出应该把美苏海军方面的竞争引向美国占优势的领域(如潜艇的消音和探测技术、精确制导技术、航行补给等)。这份报告获得了拉姆斯菲尔德的认可,因此净评估办公室又于 1976 年提交了一份名为《与苏联的持续政治-军事竞争中的军事战略》的战略草案,草案指出苏联已经获得与美国相当的军事能力,整体发展趋势不利于美国，同时美国在战略核武器方面相对苏联的优势也已经不再明显，因此美国需要增加国防开支阻止这一趋势，并从军事平衡的其他方面建立优势，以便继续打击苏联的自信。草案列举了很多建立优势的途径，例如发展超长距潜射弹道导弹、移动陆基系统、空射巡航导弹、增强制导系统、反潜战系统、实时卫星，以及指挥和控制中心等。拉姆斯菲尔德对这些建议非常认可，并在他卸任国防部部长之前批准开发巡航导弹及 B-1 轰炸机。

　　另外，当了解到苏联防空部队对自身的早期预警能力缺乏自信时，美国也开始利用这一点开展新的战争计划安排。净评估办公室在递交给国防部常务副部长的一份报告中指出了苏联人如此表现的心理层面的因素：斯大林在战争中见到了美国战略轰炸对德国和日本造成的巨大破坏，非常担心美国把这种能力运用到苏联头上，所以他在战后立即把很多稀缺资源投入到了国土防空方面，而从二战结束到 1960 年 U-2 侦察机被击落，这期间美国在苏联领空不间断的侦察飞行更是持续强化了苏联人对防空的痴迷。尽管直到 1982 年，美国空军才最终签发了生产 100 架 B-1 轰炸机的合同，但可进行低空超音速突防的战略轰炸机这一概念已经给苏联人带来很多恐慌，苏联防空部队为应对这项挑战投入数以十亿计的经费开发新型战斗机、地空导弹及雷达系统。而五角大楼的战略家们都非常乐意看到苏联人把大量经费投向防守性而非进攻性的武器系统上。

布朗继任国防部部长后同样对净评估办公室的工作表现出欢迎的态度,在布朗在位的四年里,净评估办公室共向其提供了 11 份净评估报告。1977 年,布朗被任命为国防部部长后不久就阅读了净评估办公室提交给拉姆斯菲尔德的关于发展竞争战略分析框架的报告,在看过报告之后他表达了特别的赞赏。从布朗对这个报告的评语可以看出,他对竞争战略的长远视角和其中的商业战略概念尤为重视,尤其是认可美国应寻找自身优势并发现和利用对手弱点,迫使苏联对美国行动做出反应,而不是由美国被动应对苏联行动等建议。此外,正是布朗指示开展了前述的《综合净评估和军力态势评估》(由布热津斯基组织领导并由净评估办公室负责指导),动态评估美国及盟国与潜在对手在政治、外交、经济、科技和军事实力上的总体趋势,净评估办公室完成的美苏反潜作战平衡评估,以及海军和北约-华约平衡评估报告,连同此前完成的战略核力量评估都为布热津斯基小组的工作提供了巨大帮助。

此外,鉴于当时苏联海军的迅猛发展,在 1977 年呈交给布朗的第一份正式报告中,净评估办公室建议美国着手重新构建其海军力量优势。这个建议不光得到布朗的采纳,还得到了时任美军太平洋舰队司令海沃德的积极响应。

二十世纪七十年代后期,苏联在中欧地区的军事活动日益活跃,净评估办公室开始加强对苏军作战方式和理论的缺陷与弱点研究,并最终促使国防部在 1978 年决定投资发展

"突击破坏者"项目相关的武器系统。同时，中情局在二十世纪七十年代末得到的可靠情报显示，苏联正在大力投资一项进攻性战略，目标是使苏联能够在北约来不及使用核武器的情况下用常规部队击败北约。这项由苏军总参谋长奥加尔科夫元帅发起的战略被定名为奥加尔科夫战略，其主要作战方式是在大规模装甲集群快速攻击北约防线的同时，指示两千架飞机攻击所有北约的核设施，并试图使北约空军保持 48 小时瘫痪。国防情报局和净评估办公室的研究由此协助美国陆军和空军合作开发了空地一体战概念来应对苏联的装甲集群大纵深突破，这个概念很快进化成了后续部队进攻概念（Follow-on Forces Attack，FOFA），并在 1985 年被北约采纳为一项正式战略。

在二十世纪八十年代中期温伯格担任美国防长后，马歇尔反复提出一个观点，即苏联的军力其实同美国当时的主流看法差距很大，根本不像主流看法认为的那样强大，他的这些分析和判断也在五角大楼内部引起了很多不愉快的辩论。事实上，当时美国国防部的主流观点是将苏联描绘成能在各地区同美国展开战争的强大敌人。在国防部内部反对官方意见并据理力争不是一件容易事，关于苏联其实比预期弱很多的观点在当时是受到严格保密的，直到 1988 年一体化长期战略委员会年成立，马歇尔才在他主持的未来安全环境报告中公开提出这些观点。

三年后，苏联解体。

第二节　冷战后军事革命中的净评估实践

二十世纪九十年代初,冷战以一种令人意外的方式骤然落幕,持续四十多年的美苏对峙的突然结束,也给净评估办公室带来了巨大挑战,因为它之所以诞生和过去赖以存续的基础也随苏联解体而消失了。净评估办公室必须在这场巨变中寻找新的方向,为美国国防部提供新的价值。

净评估办公室确定的冷战后第一个工作重点就是军事技术革命,这一点自二十世纪六十年代以来就被苏联军事理论家反复提及,他们认为自动侦察打击一体化、远程高精确度作战系统和全新的电子控制系统等将带来一波军事技术革命,极大地提高军队战斗潜力,最先掌握这些技术的军队将获得决定性的优势。

一、军事技术革命

从冷战末期开始,净评估办公室就已在评估世界军事技术革命的真实性、产生条件和影响,其中一个重要的操刀者名叫克雷皮内维奇,此人毕业于西点军校并获得了哈佛大学硕士学位,于 1986 年成为时任国防部部长温伯格的私人助理,并于 1989 年加入净评估办公室。他在净评估办公室的第一项任务就是研究军事技术革命,任务要求他放眼未来十到十五年，思考如何正确地把握这段变革时期。同一时期，净评估办公室还展开了一系列关于军事革命的小规模研讨会，这些讨论引起了时任陆军参谋长沙利文的兴趣，他在1991年夏天找到马歇尔，决定合作展开陆军对未来战争的思考，空军参谋长麦克皮克随后也提出与净评估办公室在军事技术革命研究方面开展合作。

时值1991年海湾战争，净评估办公室从中获得了大量的支撑数据和灵感，同时认为海湾战争证明美军的军事效能得到显著提升，而这很大程度得益于军事技术的提升和综合运用，军事技术进步将从根本上改变未来战争的对抗方式。在这样的背景下，净评估办公室关键人员于此后一年内带着如何评估军事技术革命的问题继续组织和参加了多场研讨活动，与包括外部专家、国防部部长办公室成员、高级研究计划局成员及各军种退休/在职的专家与领导在内的多方人员进行了交流。

经过广泛讨论，净评估办公室认为军事技术革命的本质是将技术发展转化为军事能力优势，美军各单位关注的重点不应只是技术在硬件上的应用，还要探索新的作战概念和新的军队组织方式，并将两者结合以使军队能够执行新的作战方式。在这一轮军事技术革命的发展方向上，办公室认为随着远距离侦察能力的快速发展，精确制导武器可以得到更大范围部署甚至可以攻击移动目标。新的战争将是隐藏者与发现者之间的竞赛，任何能够被看到和瞄准的目标都有被破坏的风险，特别是静止目标。办公室还假设美国已经获得成熟的侦察打击一体化能力，然后在过去积累的北约-华约数据基础上，利用兵棋推演验证了军事技术革命对美国获得压倒性战场优势的作用。而当双方都具备成熟的侦察打击一体化能力时，战争就是"系统之系统"的对抗，夺取信息主导权就成为关键。

克雷皮内维奇于1992年7月完成了第一版军事技术革命净评估报告，并于次年发布第二版，报告清晰阐述和总结了净评估办公室团队对军事技术革命的认识和对未来的预测。其中，第一版报告将军事技术革命定义为：新技术在军事系统中的应用，通过结合创新的作战概念和组织调整，改变军事行动的特性与指挥。而军事组织的调整应该是空天、陆上和海上作战的逐渐融合，是太空系统和远程空中系统的相互连接，这些都为后来的美军精确打击能力和信息优势建设提供了早期的认识基础。而在第二版报告中，克雷皮内维奇还前瞻性地指出：这些能力向主要国家的扩散会削弱美国前沿基地的生存和威慑能力，使其从美国及盟友信赖的资产变为战略包袱；海军力量或可抵消部分劣势，但传统的兵力运输和水面作战方式，由于缺乏灵活性和隐蔽性也坚持不了太久。这些判断呼应了后来美军对反介入/区域拒止能力的建设。

经过净评估办公室的大力推广，军事技术革命这个概念确确实实在美国国防界引发了广泛而热烈的传播和讨论。

不过，到了现实层面，各军种领导还是更倾向于认可其中有关技术革新的部分，而非有关作战概念和组织调整的部分。因为此时正值冷战结束后初期，美国正在享受苏联解体后的红利特别是全球军事霸权，美国国防部认为国会很难为这种大规模的组织和概念调整买单。此后的克林顿政府也面临国防预算紧张的问题，大规模的组织变化调整因此受阻。而马歇尔则转而选择影响和培养青年军官和学者，不仅开设专门的军事革命期刊专栏鼓励讨论和投稿，还组织短期教学，而这些努力也的确在后来获得了回报——后来美军弄出来的很多新概念其实都是对净评估办公室这套军事技术革命理论的发展，其核心本质没有变化。

二、空海一体战

2009 年，美国空军和海军签署了备忘录，共同发展空海一体战来应对中国在西太平洋的反介入/区域拒止能力。而就在美国国防部发布这一概念仅几个月后，与净评估办公室关系密切的美国半官方智库战略与预算评估中心发布了名为《空海一体战：初始作战概念》的报告。

（一）历史背景

第二次世界大战期间，为了消除大西洋海域德国潜艇的严重威胁，盟军曾进行过空海协同作战的大胆尝试，并取得许多成功。在太平洋战场，盟军的空军和海军也有过一定程度的联合，其中最令人瞩目的是 1942 年的杜立特空袭行动，当时为了保证飞行距离,由美国陆军航空兵的轰炸机从美国海军航空母舰上起飞轰炸了日本。虽有此先例,但自二战结束一直到越南战争之后的一段时间内,美国军队内部依旧保持着浓重的军种独立传统,海军和空军在军种文化上保持着互相独立和互不兼容的姿态,两个军种甚至在相似的空中行动中也采用各自完全独立的术语体系与行动概念。简言之,当时美国海军和空军的空中作战体系基本上没有互通操作和兼容可言。

1986 年颁布的《戈德华特-尼科尔斯国防部重组法案》确立了统一指挥原则,虽然阻力仍然存在,但美国诸军种间的协同性得到了本质改善。1991 年"沙漠风暴"行动之后,以前从未经历过的现代战争现实使美国诸军种深刻认识到,在冷战后新的全球安全环境和国防预算压力下,必须修正先前诸军种互不兼容、各自发展的路线并减少重复开发和建设。在此背景下,在未来战争中加强空军与海军的联合,逐渐成为这两个军种高层的共识。随后,两个军种开始着手改进装备、条令和作战训练等各方面因素,以便在新时代全球濒海作战环境中实现更紧密的联合与协同作战。

1992 年 5 月,美国海军中校斯塔弗里兹(后任美军欧洲总部司令兼北约盟军作战司令部司令)发表论文认为,美国需要一种空海一体化作战概念,以一支可以即时部署、实力强大、完全一体化的打击力量为作战核心。这是"空海一体战"概念首次出现在人们面前。

　　但由于种种原因，特别是由于当时美军正处于"寻找新对手"的时期，加之军种之间忙于武器装备、训练等较低层面的联合，这一概念并没有引起多数相关部门和学术界的重视。但这一概念却引起了净评估办公室的注意。如前述，净评估办公室的一大任务就是要思考对美国未来的潜在威胁，而在二十世纪九十年代中期，当完成军事革命相关课题研究后，净评估办公室主要负责人已将注意力聚焦在中国身上，因为中国最有可能因快速的经济发展而对作为世界上唯一超级大国的美国构成威胁。在过去十五年中，战略和预算评估中心先后为净评估办公室开展了二十多次针对中国的作战模拟，并撰写了几十份研究报告，其中包括已公开的《美国国家安全面临的挑战》《长期防务计划》《为未来舰队发展制定时间表》《一个长期的空军战略》《五角大楼的无用资产》等，以及鲜为人知的完成于 2003 年的《面对反介入/区域拒止的挑战》，这些研究工作和成果为净评估办公室提倡和推动空海一体战概念奠定了坚实的理论基础。

　　除了战略和预算评估中心之外，兰德公司也在此阶段为净评估办公室的中国相关研究提供了助力。在净评估办公室的资助下，兰德公司建立了使用先进信息技术的联合一体化应急作战模型，并用于评估中国和中美力量平衡，其后来发布的《恐怖的海峡》《同中国的冲突：前景、后果和威慑战略》等涉华净评估文献都是联合一体化应急作战模型的经典应用成果。此外，兰德公司还将联合一体化应急作战模型和

"鱼叉"兵棋配合使用来对台海冲突展开推演。除了与净评估办公室的合作外,兰德公司还接受美国空军委托深入研究空军与海军间的联合作战,并于 2007 年完成了《打击战中的空海一体演变》报告。该报告探究了二十世纪七十年代中期以来美国海军与空军在联合空中作战行动中结成的合作关系的演进历程,特别论及了两军种新的空中系统采办、军种间共同空中行动战术的发展、和平时期的联合训练、联合指挥与控制、突发事件中的联合作战,以及现实的联合作战实践等事宜。

(二)空海一体战概念的形成与争议

二十一世纪第一个十年的中后期,美国国防部的许多高级官员逐渐认同了净评估办公室的观点,即一些国家发展的反介入/区域拒止战略和能力,已经威胁到美国保护本国和盟国利益所需的全球兵力投送能力。为此,美国太平洋战区空军司令部司令钱德勒上将(后任美国空军副参谋长)再次提出空海一体战概念,并得到时任空军参谋长施瓦茨上将的认可。同一时期,2009 年 5 月,曾任职于战略与预算评估中心的鲍博·沃克,作为空海一体战概念与海基能力概念的积极倡导者,在成为海军部副部长后毫不避讳地坚持自己的立场,最终使空海一体战概念在 2010 年版的《四年防务评估报告》中有了一席之地。而在此报告出台前的三年内,空海一体战的设计者先后组织了六次演习来确定空海一体战概念的使命,并将他们的研究成果呈报给时任空军参谋长施瓦茨上将和海军作战部长拉夫黑德上将。

2009 年 9 月，在美国国防部部长盖茨的倡导下，施瓦茨上将和拉夫黑德上将共同签署了一份秘密备忘录，决定继续推进空海一体战，并各自指定四名作战策划专家组成联合工作组，负责指导起草空海一体战的暂行条令。2010 年 2 月发布的《四年防务评估报告》进一步列出了该构想的理由和作用范围，这是美军官方文件首次写入并明确提出要发展这一概念。2010 年 5 月 18 日，战略与预算评估中心《空海一体战：初始作战概念》报告的发布仪式在国会山隆重举行，仪式还邀请了美国国土安全与政府事务委员会主席出席并讲话，这也是相关部门推广该概念的一个高调动作。5 月 27 日，美国空海军联合工作组在华盛顿向军方高层汇报了研究成果，前国防部部长盖茨和参联会主席马伦对此给予了高度评价。7 月 29 日，由美国国会授权组建的"四年防务评估报告独立调查组"发布最终报告，再次对空军和海军联合开展空海一体战予以肯定，指出空海一体战是应对日益增长的"反介入"挑战的范例，并建议在适当的时候将其他军种也纳入其中。

作为对空海一体战概念的宣传，2012 年 2 月 20 日空军参谋长施瓦茨上将和海军作战部长格林纳特上将联名发表了一篇题为《空海一体战：在不确定的时代促进稳定》的文章。同年 5 月 16 日，布鲁金斯学会二十一世纪防御计划举办研讨会，施瓦茨和格林纳特以嘉宾身份发言，进一步阐述了空军部与海军部对空海一体战概念的理解和各自的观点。

2013年5月,成立于2011年8月的美国国防部空海一体战办公室正式代表官方给出了空海一体战概念最为权威的公开诠释,文件指出,面对全球公域的反介入/区域拒止挑战,空海一体战概念要求在所有作战域(空中、海上、陆上、太空和网络空间)采用跨域作战,实现网络化、一体化和纵深打击作战,以此破坏、摧毁和击败敌方的反介入/区域拒止能力,并为同盟军队创造最大的作战优势。该概念的重点在于以对称或非对称方式对抗或塑造反介入/区域拒止环境,确保美军获得并维持在全球公域自由行动的能力,以及同时或后续对敌方采取行动的能力。

在空海一体战概念发布之初,这一概念在美国陆军和海军陆战队内部曾遭到强烈抵触,陆军与海军陆战队认为这个概念可能导致用于地面作战的国防开支减少。据《华盛顿邮报》获得的一份为海军陆战队司令准备的内部评估报告称,"在和平时期建设以空海一体战为重点的海军和空军将昂贵到荒谬的程度",如果用于与中国的大规模战争,将会导致"无法估量的人员和经济损失"。列文沃斯堡陆军基地指参学院高级军事研究学校的创始人,陆军退役准将德切格也在《陆军》杂志2011年5月号发表文章,他将现在的"空海一体战"与早年盛行的"快速决定性作战"理论相比较后,认为这两种理论均充满了理想主义论调。德切格认为,没有强力地面部队的作战只是某种惩罚,而不能取得全胜,况且这些理想化的概念从来没有得到实践,也没有在学校中得到教育和认同。也许是意犹未尽，德切格将军在《陆军》杂志 2011 年 11 月号再次著文，认为空海一体战的开支是巨大的，将使美国像当年入侵阿富汗的苏联一样陷入泥潭难以自拔。他还引述辛里奇在《外交家》杂志的文章称，空海一体战的竞争最终可能导致核武器的竞争与发展。德切格还认为，视中国为合作伙伴将其拉入国际安全协定，即使困难重重也比与中国进行军事竞赛强。

在海军和海军陆战队方面，面对高效能低成本武器的日益扩散，特别是新兴大国反介入/区域拒止能力的快速发展，两军种都不遗余力地推动"海基能力"概念的发展，这一概念是基于冷战结束后美国海外基地减少的事实，在重新寻找对手且需要实施战略调整的背景下提出的，并一度在海军高层认知中占据极为重要的地位。虽然各军种出于自身利益和对海基能力理解的差异，对海基能力的概念内涵以及能否发挥切实可行的作用，展开了长达二十余年的辩论，现在面对新的战略需求、新的作战环境、新的作战对手以及新的作战概念，各军种就发展海基能力逐步形成共识，以期减少甚至完全取代传统的陆上基地。如此一来，原有的海上基地物理平台概念逐步发展为应对新兴大国反介入/区域拒止能力挑战的海基能力联合概念。

净评估办公室冷战结束前后不断针对中国和军事技术革命开展研究，其组织的兵棋推演活动向美军高层展示了美军败于敌方反介入/区域拒止能力的未来场景，促使美军高层开始思考并接受新的作战方式,这是空海一体战概念提出并被采纳的大背景之一。同时,战略与预算评估中心先于官方发布空海一体战研究报告,考虑到战略与预算评估中心是净评估办公室的主要合作机构,其创始人及报告作者克雷皮内维奇曾是马歇尔的下属并与其关系密切,很难让人相信净评估办公室对空海一体战概念的形成和发展没有施加影响。因此,尽管公开资料中很少见到净评估办公室参与空海一体战概念起草的直接证据,但美国的学术期刊、报纸专栏和智库研究报告在提到空海一体战的起源时,均会提及净评估办公室在其中的作用。

(三)空海一体战概念的升级

随着美国在阿富汗和伊拉克的地面战争进入收尾阶段,美国陆军和海军陆战队高层开始探讨军种的未来使命与角色定位——在国防预算日益紧缩的大背景下,军种必须找准自己未来的位置与角色,否则就会在新一轮资金分配中处于下风,更有可能在空海一体战概念指导下形成的美军新亚太作战战略中被边缘化。因此,尽管美国陆军和海军陆战队觉悟得有些晚,但还是一起加入了支持空海一体战的阵营。为此,两军种联合推动国防部和参联会,提出了一个包含空海一体战在内的更系统全面的"联合作战介入"概念,从而巧妙地取得了海空军的认可,达成了各军种及国防部高层各方利益的平衡。伴随美国陆军与海军陆战队的正式支持和加入,美军新世纪优先级最高的高端作战构想由空海一体战概念进化为联合作战介入概念，并最终由参联会主席邓普西在2012年1月17日签发了《联合作战介入1.0版》文件。这份美军官方文件虽未明说联合作战介入概念就是空海一体战概念的升级版，但两个概念的核心思想是一致的，其潜在作战对象与想定作战环境也是一致的，都是借助军事力量来支撑、配合并实现美国战略东移，即达成亚太再平衡这一国家战略目标。

随后，2012年3月，美国陆军能力集成中心主任和美国海军陆战队作战发展司令部司令共同签发了《实现并保持介入：美国陆军与海军陆战队联合概念》文件。该文件强调陆军与海军陆战队在地面和沿海地区为联合部队司令官提供决定性能力，阐述了美国陆军与海军陆战队在应对反介入/区域拒止挑战中所发挥的作用，并就如何执行此类任务提出了设想。这意味着美国陆军与海军陆战队立足未来战略环境的变化，向其强调的未来核心作战能力迈进，正式形成了在未来联合作战介入方式中发挥作用的具体作战构想。至此，在"联合作战介入"的顶层概念之下，形成了海空军"空海一体战"和海军陆战队与陆军"夺取和保护作战介入"相互支撑的完全一体化的作战概念。而美国国防部空海一体战办公室于2013年5月发布的文件也证实了这一观点，该文件称，"空海一体战"是"联合作战介入"概念下的一个支持性概念。

最后要特别指出的是，自空海一体战概念产生以来，在与空海一体战概念相关的报告、论文及新闻评述中,"中国"一词都有着较高的出现频率,而五角大楼也一直在努力进行相应解释。如美国空军参谋长施瓦茨上将和海军作战部长格林纳特上将就曾说:"从本质上说,'空海一体战'是一个与全球化环境相容的总体概念。它不是针对世界任何一个地区而设计的,而是为保证美军具备在全世界范围进行力量投射的能力,以满足其在全球战斗的需求。"当然,他们所言是否真实,那就见仁见智了,毕竟,中国沿海港口全部处于美国空海一体战概念的预设战场内,而空海一体战概念的相关文件中,也几乎看不到俄罗斯的出场。

三、新抵消战略

国际格局在很大程度上是大国间战略竞争的结果,而采用什么手段来让己方有限的力量化为制胜之道,则是竞争各方的思考焦点所在。

在军事和战略竞争领域,"抵消"是竞争各方为弥补自身劣势而经常采用的一种非对称手段。具体到当时的美国而言,就是要研究如何在国防预算不断削减的条件下有效应对日益加剧的安全威胁。这美国战略发展史上有过先例:第一个相关战略是二十世纪五十年代中期艾森豪威尔政府的"新面貌"战略(即第一次抵消战略),该战略试图使用美国的核优势来抵消苏军的常规军力数量优势,但这种依赖核武器的抵消战略也带来了相应的不良政治军事后果,特别是该战略的实施直接导致了美国陆军遂行大规模常规战争能力的下降，让美国在越战中吃尽了苦头；第二个相关战略是二十世纪七十年代中期美国国防部部长布朗的"抵消战略"（即第二次抵消战略），该战略试图以美军信息化部队的质量优势抵消苏军机械化部队的数量优势，可以说取得了巨大成功，开创了一个美国军事技术占世界主导地位的时代，同时也极大促进了美国的经济。

1976年，在净评估办公室向美国政府提交的《与苏联的持续政治-军事竞争中的军事战略》文件中引入了竞争战略这一概念，认为"一个国家应该寻求机遇发挥自己的一种或多种独特能力，以期在具体领域和整体上获得竞争优势"。竞争战略为日后美国获取对苏战略优势提供了战略指导，其要素包括竞争领域、竞争对手、竞争策略、竞争手段等，并从政治、经济、外交、军事、技术、人才等不同的角度审视竞争优势。一个适当的竞争战略意味着己方采取的行动会给对手带来极大的应对成本，最终以此遏制或战胜对手。

而第二次抵消战略就是利用综合技术优势抵消对手数量优势，并维持对潜在对手的长期优势，最终战胜或削弱对手优势的一种竞争战略手段。自美国国防部正式启用第二次抵消战略直到冷战结束，美国几乎所有国防战略、军事战略以及重大行动背后都体现了《与苏联的持续政治-军事竞争中的军事战略》文件中提出的竞争战略逻辑。

苏联解体之后，世界局势发生本质性变化，世界迈入新的发展阶段,美国战略界认为必须调整国家战略竞争对手的目标优先级。美国战略界人士普遍认为,与前两次抵消战略所处国际环境的清晰、紧迫和灾难性的威胁(如要避免核战争)不同,美国在冷战后所面临的既有和未来的直接威胁虽然相对冷战时期而言减弱了,但却更加复杂;美国既有和将来的战略需求具有竞争领域的不确定性、竞争对手的模糊性、竞争策略的复杂性和竞争手段的多样性等特点。

在此背景下,2014 年 8 月 5 日,美国国防部副部长沃克在美国国防大学发表了一次演讲。他在演讲中称,为重新占领新的军事制高点,战胜各个既有和潜在的对手,美国应实施历史上的第三次抵消战略(即新抵消战略)。这也是第三次抵消战略这一提法首次出现在公众面前。沃克在演讲中还强调,为了在军事转型过程中继续保持军事技术优势,美军除新技术之外还需要有创新性思维,更新作战概念与组织方式,构建长远战略。

为配合国防部的计划,沃克曾担任过总裁的智库新美国安全中心于 2014 年 10 月 21 日对外宣布正式启动一项新的重大项目"超越抵消:美国如何保持其军事优势"。该项目主要研究美军如何通过保持技术优势来弥补国防预算大幅消减所造成的问题,为美国调整国防战略和评估投资重点出谋划策。仅仅几天后,战略与预算评估中心又发布了《迈向新抵消战略:利用美国的长期优势恢复美国全球力量投送能力》的报告,详细阐述了新抵消战略的内涵与具体措施。就这样，美国国防部倡导的第三次抵消战略正式登台亮相。

以美国国防部部长哈格尔于 2014 年 11 月 15 日正式宣布启动的"国防创新计划"为纲，新抵消战略的举措主要体现在以下几个方面：一是制定《长期研究与发展计划》，寻求建立清晰的技术战略，该计划的目标是通过识别能确保美军在 2030 年以后保持军事优势的技术清单，实现美军历史上的第三次"抵消"；二是完善"更佳购买力 3.0"计划，建立高效灵活的采办体制，将采办持续改革的重心转向通过创新和技术进步获得确保美军拥有满足未来国家安全需求的主导能力；三是深化军民融合，推行工业界改革策应新抵消战略，为此美国国防工业协会提交了题为《转型路径——国防工业协会采办改革建议》的报告，列举了美国国防采办中存在的十二个问题，并从职权和责任、需求与资源匹配和基于证据的决策这三个方面提出改进建议；四是推动国防教育和创新计划，培养具有创新能力的领导者；五是重振兵棋推演系统，改进战略分析工具；六是明确战略需求，确立国防战略核心框架①；

---

① 当时美国国防部认为未来的长期国防战略应聚焦以下三点：1. 利用美国传统优势，在必要的时间和地点保持持续的前沿存在和力量投送，包括采取针对具备强大反介入/区域拒止网络对手的措施，同时要减少对越来越易受攻击的前沿海陆基地的依赖；2. 美国常规威慑力的提升需要改变传统简单粗暴模式的威慑战略，美国应该加强使对手知难而退的能力（即"拒止性"威慑），以及通过威胁对敌方高价值目标开展非对称报复性打击来增加对手发动战争的预期代价（即"惩罚性"威慑）；3. 全面利用美国同盟和安全关系的优势，特别是在亚太地区，重（转下页）

七是积极创新,孕育新的作战概念①。

第三节 中美战略竞争中的净评估实践

2012 年,美国奥巴马政府提出亚太再平衡战略,将中国视为在战略和军事安全领域加以制约防范,在经贸、地区稳定和全球治理等领域又是竞争与合作并重的"战略竞争对手",并以亚太地区为中美战略竞争的重心地区。2017 年,特朗普政府发布新版《国家安全战略》,称美国面对的是一个充满竞争的世界,中俄等国都是美国的竞争对手,强调"美国优先"原则背后的逻辑依然是保住美国相对潜在对手的竞争优势,为此美国将增强军力、国防工业基地、核力量、太空、网络、情报等各方面的竞争力。2021 年拜登政府上台后,虽然反对特朗普执政时期的多个政策,但中美处于战略竞争状态依旧是美国两党的共识。

(接上页)塑"美-日-澳"军事同盟,突出澳大利亚在亚太地区的"战略支点"地位。

① 如战略与预算评估中心结合"海基能力"与"空海一体战"概念,提出"全球监视和打击"概念,将抵消战略的思想和地理范围向全球进一步延伸;美国海军作战部长前特别助理克拉克建议海军水面舰队缩短防守作战半径、扩大进攻作战距离以稳固制海战力,并提出突出海军进攻能力的"以攻为守制海新概念";美国空军退役中将德普图拉提出可实现跨域协同、有人与无人系统协同的"作战云"概念;等等。

一、寻找冷战后的新对手

二十世纪八十年代初，美国国防和情报部门深入评估后得出结论：苏联相对美国的相对实力在逐渐衰落，其开展全球战争的能力在逐渐消失。因此，净评估办公室在1985年开始委托科学应用国际公司开展一系列课题，研究应对多极化国际环境的工具和方法。

1988年，美国长期总体战略委员会深入研究了美国未来二十年所处的安全环境以及美国应采取的战略，随后提交的报告对未来安全环境给出了相当准确的预测，其中包括两个对美国国家安全战略产生了影响的长期趋势预测：一是东亚国家经济的快速增长可使他们投入更多资金建设军队，中国、日本或其他一些国家可能成为世界主要军事力量国家，这些国家将会获得一些先进武器技术，他们的军力增长将削弱美国和苏联的优势，这个长期趋势将影响全球力量平衡和美国国家安全；二是传感器、精确制导和隐形等新技术将引发军队组织结构和作战理论的改变，并从根本上改变未来战争的本质。

不过，虽然美国在这一时期开始研究多极化，但苏联还是处于美国战略规划的核心对手位置。然而，冷战的结束从根本上改变了国际安全环境。美国国防部的分析人员和官员很快意识到，美国不再受到直接威胁，也没了能与美国正面抗衡的竞争对手。事实上美国在冷战结束后的最初几年都处于战略过渡期或者说是相对不确定期,因为苏联的突然解体使得美国在几乎完全没有准备的情况下失去了战略对手,而美国在冷战时期基于此建立的清晰战略方向和目标也因此失去了依托。

(一)锁定中国

1992年版的美国《国防规划指南》(净评估办公室成员参加了此文件的制定)为后冷战时代的美国国防战略提供了新的指引,文件指出美国国防战略"必须重新专注于防止未来潜在全球竞争对手的出现",即首先是防止一个新对手的出现;"第二个目标是处理地区冲突和不稳定源头以促进对国际法的尊重,缓解国际暴力,鼓励民主政府和开放经济体系的扩散"。

文件还指出:"现在的美国没有任何全球性竞争对手,而美国的战略应该瞄准如何保存和延续这种有利形势,越久越好";美国在亚洲的目标是"通过扮演制衡力量,并防止真空和地区霸权的出现,来维护地区的安全与和平";虽然美国支持欧洲一体化,但是不能接受一个把美国排除在外的欧洲。文件明确把印度视为潜在的地区霸权,并提出"我们应该打消印度在南亚和印度洋称霸的愿望"。尽管很多美国官员和学者称这个泄漏出来的版本最终没有获得采用,但是从后来的美国国防政策发展来看,不管是共和党还是民主党执政都基本遵循了这样一个防止任何地区强大力量特别是地区霸权的出现，由此保持美国在全球的霸主地位的国家战略。①

尽管1992年《国防规划指南》在一定程度上指明了美国的战略目标，但还有很多未明确的具体问题，例如各地区的战略优先事项，美国面临哪些安全威胁，这些威胁里有哪些是迫在眉睫的，哪些是还比较远的，等等。

冷战结束前后，美国国防部开展了一系列研究潜在对手的项目，九十年代中期，美国国防部的注意力开始逐渐从欧洲转向亚洲。净评估办公室在九十年代中期就支持了很多研究亚洲的项目（如"亚洲军力评估与亚洲安全挑战的研究设计——面对战略不确定性的规划"），并且进一步意识到亚洲对美国的战略和经济意义。与长期总体战略委员会在二十世纪八十年代末的评估结论不同，他们几乎确定亚洲的重要性将在几十年后超过欧洲。在1993年到1998年间，净评估办公室举办了一系列关于军事革命的会议和推演，在十三项地区研究课题中有三项直接针对中国，六项针对朝鲜半岛问题，还有一项针对整个亚洲地区。在净评估办公室组织的1999年夏季研讨会"亚洲2025"中，他们简单明了地说明了战略重心

---

① 美国2018年版《国家安全战略》文件中称，美国"必须利用国家权力的所有工具，以确保世界各地区不被某单一国家主宰"，这是美国官方不多的公开声明要防止欧亚大陆出现地区霸权的文件之一。而在给美国国会议员参阅的2020年版《地理、战略和美国军事力量设计》官方文件中，也明确表明"美国政策制定者在过去几十年里一直试图实现防止欧亚大陆出现地区霸权的目标，并将其作为美国国家战略中的一个关键元素"。

转移的原因,即"大部分美国军事资源都在欧洲,但那里并没有会威胁美国关键利益的预期冲突,威胁都在亚洲",他们认为在亚洲出现一个与美国同级别的竞争对手只是时间问题。还有一项研究则进一步指出,美国安全利益的主要挑战将来自这些亚洲大国中的一个或多个地区霸权,包括中国、俄罗斯、日本和印度。因此在这一阶段,这四个主要亚洲大国被美国视为潜在的竞争对手。在二十世纪九十年代后期,净评估办公室集中研究了上述几个大国挑战美国霸权的能力和愿望,重点研究了几个国家经济、人口和军事能力等方面的长期发展趋势和各自的战略目标,以及挑战美国霸权的意愿;他们还开展了很多研究项目来评估亚洲的未来力量平衡,比较亚洲国家采用当前技术和开发新军事技术的能力和努力。

在二十世纪九十年代初,很多分析结论认为从经济实力和技术发展来看,日本最可能在军事革命方面取得成功。但后来一些研究推翻了日本会发展成为美国潜在对手的结论,例如有一份题为《日本在军事技术革命中的潜在作用》的报告专门研究了日本开展并实现军事革命的能力和意愿,并提出了可证明日本没有军事化趋势的两点证据:第一,采访和观察表明日本国内的和平情绪超过了研究人员的预期;第二,日本在战术方面的技术创新非常弱,而且在广场协议实施十年后,日本已不见经济奇迹。

关于俄罗斯,研究表明虽然俄罗斯具有强大的武器系统和先进的技术,但苏联解体从各方面削弱了俄罗斯的军事能力,总体看来,虽然俄罗斯有发展军事革命的意愿,但经济衰退和人口危机已经让俄罗斯不再具备实现军事革命的能力。

而之所以在中国和印度之间最终锁定中国而非印度为最大的潜在对手,主要是因为中国的现状和中国经济/军事发展相对印度更快的预期都说明中国比印度更具威胁性:首先,世界第一人口大国本身就标志着一种巨大的实力,有报告预测在 2030 年之前中国都将是世界上劳动年龄人口最多的国家;其次,中国经济在改革开放后持续高速增长,按正常速度发展将会在十年间超过几个世界主要经济体;再次,从二十世纪七十年代末开始,中国的军事现代化虽然进展不是很快但一直比较稳定,而且在二十世纪九十年代中期中国已逐渐开始实践自己的军事革命。

在这里需要说明的是,自九十年代中期起,很多净评估项目研究了中国的军事发展、兵力投送能力以及中国对未来战争和军事革命的看法。研究者们发现中国已经从很多方面开始了军事革命(如发展军事理论、加强武器装备、改革组织结构、改善军事教育和训练等)。研究者们认为海湾战争震惊了中国,使其意识到军事革命的重要性,同时中国也有能力实现军事革命。如果美国不加快发展,中国的军事革命会反过来让美国大吃一惊。① 而在二十一世纪的第一个十年

---

① 2024 年 12 月 26 日,中国突然公开试飞了人类历史上的首型第六代战斗机,在一定程度上证明了美国净评估专家们的这个预测。

过去后,很多分析人员认为中国的反介入/区域拒止能力其实就是军事革命的表现,中国的洲际导弹和卫星组合已经对美国在中国近海的兵力投送能力构成威胁,他们担心这些进展可能预示着一种长期趋势,那就是中国将有可能实现美国提出的军事革命。

除了国力和军力的对比外,还有报告指出,美国不可能在亚洲同时抗衡两个强大对手,最好的策略是拉拢其中一个,而印度相较中国是一个更好的选择。"亚洲2025"研讨会也明确提出,将来中国和印度可能会是美国最有力的竞争对手,美国需要同他们其中一个建立战略对话和共同的地缘政治目标,而印度应该是相对更理性的选择。

(二) 锁定中国活动中的净评估办公室

对于美国如何应对其他国家的崛起,研究通常给出三种选择:一是减少在全球的部署,退回到孤立主义;二是创建一个多极化的世界,让各地区大国负责领导各自地区和处理本地区问题;三是通过限制挑战美国地位的国家的实力和影响力的上升来保持美国现有的全球霸主地位。

为了更好了解各种方案的可行性,净评估办公室开展了大量的历史案例研究,不仅研究英美在经济拮据的情况下如何通过高效的国防和战略规划来应付安全威胁,还研究世界古代史,从马其顿帝国、罗马帝国、蒙古帝国到拿破仑帝国,试图从历史中学习保持和延续帝国势力的经验和教训。通过这些历史案例研究,他们得出结论:借助有效的规划和投入，延长帝国霸权并非不可能。特别是《历史上的军事优势》报告还从几个历史霸主的经验出发，强调了强大军队对保持大国地位的重要性。报告中说："罗马帝国模式的经验说明，只要美国能保证在对手发展反制能力之前不断对军队实行改革，美国要想在几百年中保持军事优势也不是不可能的，改革和强健的战略制度相结合将使对手非常难以超越。"

后续研究表明，尽管历史上很多例子证明延长霸权是可能的，但在这种历史环境下，明确战略优先事项对战略成功与否非常重要。也就是说，明确哪些是主要威胁，哪些是次要威胁非常重要，如果对未来安全环境和潜在对手判断失误，就会导致战略规划走向错误和军费投入的浪费。净评估办公室资助的一项课题也通过研究二战之前近六百年的多个军事革命案例得出结论：那些最成功的军事革命都是集中注意力和资源，针对具体威胁展开规划才得以实现的。

马歇尔本人也在1994年一份关于军事革命的备忘录中提到，找到一个焦点和具体的竞争对手是成功的关键。在两次世界大战之间的军事革命时期，英国失败的主要原因就是英军面对的任务太过纷繁，相反美国和日本在这段时间里一直视对方为太平洋地区的潜在对手，并且进行了相应的规划。备忘录进一步强调，"我们需要实实在在让他们（对手）感受到我们的能力，并且让他们知道我们的能力的本质是不断变化的。我们如果总是用一成不变的方法同他们较量，他们就可能找到应对我们的办法"。

　　这一时期,尽管军事革命的概念获得了五角大楼内外的极大关注,但净评估办公室一直希望工作能回归冷战时期的传统军事平衡分析,重新确定净评估活动在二十一世纪的评估对象。自 2000 年春天起,净评估办公室开始尝试定位净评估工作的未来作用,办公室认为当前美国拥有相比其他国家的全方位军事优势,美国领导人将尽全力保住这一优势地位,因此净评估办公室未来可能要聚焦竞争环境中的潜在挑战,尤其是可能抵消美国军事优势的挑战(比如在中国和俄罗斯等国的军事文献中已经显露出侵蚀美国军事优势地位的倾向)。2001 年初,再次获任国防部部长的拉姆斯菲尔德请马歇尔协助小布什政府评估现行国防战略①,马歇尔便以保持美国军事优势为出发点提出了四大国防战略目标:一是维持并拓展美国的军事优势,二是利用美国国际政治地位为自身创造和平环境,三是利用战略缓冲和盟友使美国远离战争,四是遏制"并驾齐驱"的竞争对手出现。同时,他还列出五个维持军事优势的关键领域:空中优势、水下战争、太空领域、机器人、实战化训练。

　　这几大战略目标和竞争重点直至今天依然非常贴合美

――――――――――

① 据拉姆斯菲尔德时期国防部分管政策的副部长费斯回忆,拉姆斯菲尔德上任后最早着手的几件事中就包括让马歇尔做一份战略评估,而这份评估对其国防政策产生了很大的影响。马歇尔提出要关注亚洲经济和安全的发展,特别是中国不断增强的军事力量和自信,他还强调了不确定性在战略规划中的重要性。从拉姆斯菲尔德的回忆录中可以看出,他本人非常认可不确定因素在战略规划中的重要性。

国的时代主题,奈何 2001 年的恐怖袭击使美国整体战略重心发生偏移。而就在全美上下被"反恐战争"的气氛所环绕时,净评估办公室并没有因此改换思路,2002 年,净评估办公室在提交给拉姆斯菲尔德的题为《开始将重心移向亚洲的近期行动》的文件中提了很多具体建议,并特别建议国防部指示各军种针对中国的军事挑战开展长期规划,并把这些规划纳入各军种和军种间联合推演、训练和演习项目中;重新划分中央司令部/太平洋司令部的边界,将中国呈现为主要长期战略对手。这也就意味着净评估办公室在冷战结束前后启动的未来安全环境研究经过十多年的努力后终于有了明确的结果——将中国确认为美国的长期和主要战略竞争对手,并正式向国防部提出政策建议。

随后,在 2004 年年中,最终确定了迈入新世纪之后净评估办公室的长期研究议程,其中特别强调聚焦亚洲军事平衡,尤其是遏制中国的崛起,以及评估反介入/区域拒止环境下美国的兵力投送问题。至此,净评估办公室的冷战后研究方向终于定下了基调,就是研究由中国崛起和军事革命分别带来的格局变化以及两者相结合产生的影响。

在这个阶段,美国政府特别是国防部的很多相关文件都体现了净评估的影响。例如 2002 年《国家安全战略》指出,美军要保持足够强大,以便劝阻潜在对手通过扩充军备来超越美国的力量,或是同美国平起平坐。2006 年的《四年防务评估》指出,美军"要试图劝阻军事竞争对手发展具有破坏性或其他能够实现地区霸权,或能对美国及其盟友构成伤害的能力,并且要对侵犯和威胁行为达成威慑"。

在这里需要说明的是,劝阻和威慑是两个相似的概念,但是劝阻更轻一些,劝阻无效时采取的进一步行为就是威慑,或者换句话说就是赤裸裸的包括武力在内的威胁。然而不管是劝阻还是威慑,最重要的一点就是对敌我相对态势的真实分析,也就是"净评估"。

二、中美战略竞争净评估

中美竞争的本质是什么?随着时间推移这场竞争发生了什么变化?竞争各方的战略目标是什么?双方各自具备哪些优势和劣势?哪些科技最有可能推动这场竞争?净评估办公室针对中美双方各自的优势和劣势,以及中国对中美竞争的认知都开展过深入研究。

在冷战结束初期完成两版军事技术革命净评估报告的克雷皮内维奇等人曾列出未来六大安全挑战,其中有四项跟中国有关,包括中国在亚洲的崛起、亚洲核力量、反介入/区域拒止和精确制导技术的扩散,以及对全球公域的挑战。在国防部和战略与预算评估中心之间来回横跳并曾担任过要职的马丁内奇则总结了美国的四个作战方面的弱点,一是地区基地(包括港口、机场、地面设施等)变得日渐脆弱;二是类似航母这样的大型武器平台,在敌人沿岸广泛的地域范围将变得更易被发现、跟踪和攻击;三是非隐形战机被一体化防空系统击落的风险越来越大;四是太空不再能免受攻击。而被美军定义为反介入/区域拒止能力的一系列中国军事能力发展正与这四个美国脆弱点相对应,使美国在中国沿海的力量投送能力受到严重威胁。同时美国也很担心这些军事能力的扩散,以及中国反介入/区域拒止范围的扩大,认为这将逐渐挑战美国的全球军事霸权。正如前美国国防部部长哈格尔所说:"美国正进入一个不能再将海上、空中、太空、网络空间霸权都视为理所当然的时期,尽管美国目前在军事和技术方面相对潜在对手还具有决定性的优势,我们在未来的优势却不是确定的。"

而中国在经济方面给美国的压力可能比军事方面更大,特别是在亚太地区,对该地区大部分国家(包括美国的盟国)而言,中国都是排名第一或第二的贸易伙伴,这对于中美两国国家影响力此消彼长的作用是显而易见的。

尽管美国在财政和预算方面面临困境,且中国又大力发展军事现代化,但是美国相对中国还有两个比较优势,一是盟友较多,二是技术领域优势。

具体到亚太地区,由于历史和地缘的原因,中国同日本之间有着看似已解决但实际上还没完全解决的历史积怨,并与一些国家存在领土争议,而美国在此地区则基本不存在这些问题。因此,美国很清楚自己同中国相比的一个巨大优势就是地区联盟关系,而下一步需要分析研究的就是如何利用盟友及中国同其他国家的紧张关系来达成美国的战略目标——事实上美国对这些方面的研究已展开多年。

而在军事技术方面,《迈向新抵消战略:利用美国的长期优势恢复美国全球力量投送能力》文件中指出,美国在无人系统、远程空中作战、隐形空中作战、水下战、复杂系统集成与工程等方面拥有优势核心能力,或者说是拥有长期的相对优势。例如,有一些研究发现中国海军在水下战方面存在不足,而潜艇和水下技术正好是日本的强项,美国已经同日本在水下技术和水下战方面开展了很长时间的合作,而澳大利亚也在通过与英国和美国的协议发展自己的核动力潜艇项目。

在涉华研究方面,净评估办公室很早就开始鼓励、要求和资助对中国问题的研究,巴蒂乐嘉领导下的"外国系统研究中心"项目对苏联军事文献的系统性研究曾在冷战时期对净评估工作起到了支撑性的作用,现在,巴蒂乐嘉被要求将研究重点聚焦中国。此外,从二十世纪七十年代开始,白邦瑞等学者就被鼓励进行对中国战略文化的一系列研究;从二十世纪九十年代末开始,净评估办公室就一直外包和委派其他智库研究中国问题。

据统计,从 1988 年到 2015 年,净评估办公室涉华研究主要聚焦于政治和军事领域,其次是经济和社会方面。政治领域的研究主要包含中国国内政治和对外关系两个主要方向。在国内政治方面,净评估办公室研究的重点包括共产党、政治体制、政府机构和管理能力、宗教与国家关系、人权问题、新疆和台湾问题等。在对外关系方面，则主要关注中国与亚洲周边地区国家的关系以及在非洲地区的影响力。军事领域则主要研究军队管理、军事技术、军事战略思想和各类冲突想定。在军事技术方面，研究范围包括军事现代化、太空能力、网络能力、核能力、反航母能力和新型战斗机。战略思想方面的研究范围包括战略文化、毛泽东思想和核军事战略。各类冲突想定的研究则主要聚焦中日冲突、台海危机和新疆等问题。经济方面的研究关注经济体制、经济增长趋势、地方经济和债务、战略资源（能源和水）和电子产业。社会方面的研究聚焦中国的创新力、教育体制、阶级概况、人口发展和宗教民族问题。从年产量来看，2006 年之后净评估办公室每年资助的涉华研究报告数量逐年攀升，曾出现单一年度完成二十九篇报告的高峰。

关于中国如何评估自身和其他国家的各方面实力，以及如何评估中美相对实力变化的问题，净评估办公室研究了很多中国学者对综合国力的评估方法和结论。例如，中国学者将哪些方面和指标纳入综合国力的评估？随时间推移对中美的评估有什么变化？是否认为美国在衰退？如何评估美国衰退相对中国崛起的速度？他们如何预测未来中美的长期综合国力变化？有美国分析人士甚至把中国学者的综合国力评估等同于美国的净评估。因此，综合国力评估可能是他们了解中国对中美力量平衡看法的一个主要窗口。

净评估办公室在这方面的主要结论是：中国认为美国正

在衰落，中国将在经济上超过美国，在军事上超过美国也只是时间问题，因此时间站在中国这边。不过，在二十世纪七十年代苏联也曾经有过相似的看法，而美国在二十世纪七十年代后期开始实施的抵消战略，在美国经济环境不好和国防预算削减等不利情况下有效地整合资源，加强了美国军事创新，成就了二十世纪九十年代的军事革命。因此，他们认为冷战时期的分析工具和方法经过调整后可再用于中美竞争，但这次他们会更好地整合除美国自身资源之外的盟国资源，事实上美国一再要求其盟国增加军费预算，因为他们清楚仅靠美国独力支撑世界级竞争的战略客观上已经持续不下去了。

在研究中国战略文化和历史后，他们认为中国觉得目前的国际格局同中国战国时期相似，因此得出结论：中国会用战国时期的合纵连横等策略实现霸权，而中国也会通过武器转让等方式构建由友好国家或依赖中国的国家组成的网络。从一系列净评估成果来看，中国对自身缺乏盟友而美国有很多盟友的事实心知肚明，很多官方和非官方观点都表现出中国对遏制和围堵的担忧，此外中国一直以来都对美国试图从思想上渗透中国非常担心。从净评估的角度来看，这些因素也都是美国可以加以利用的弱点。

三、中美竞争中的抵消战略

第二次抵消战略源自二十世纪七十年代初，当时，忙于应付越南战争的美军逐渐意识到，当他们在中南半岛打得不可开交的时候，苏联却一直在悄无声息地推动其武器装备和作战力量发展，特别是 1973 年的阿以战争让美国对苏联军力发展刮目相看。同年，美国防部高级研究计划局启动了一个研究项目，并在一年半后得出了一个重要观点，即对于一些特定任务，改进后的制导系统有可能促使常规武器代替核武器。于是在一系列战场表现和相关研究的支撑下，美国国防部启动了旨在以技术优势（特别是信息技术）抵消苏军数量优势的第二次抵消战略。

苏联国家安全委员会主席安德罗波夫在 1975 年就曾对美国的军事技术革命发出警告，实际上除了这些高新军事技术本身让苏联人感到恐惧，军事革命等概念给苏联人造成的恐惧更大。美国精确制导常规武器的发展使其对苏联装甲部队的破坏力成倍增长，而装甲部队是苏联军力的支柱之一。1987 年，苏联的保密军事期刊警告，美国的新技术已经威胁到苏军的大规模装甲集群。同年，苏联国防部有高官感叹美国已经发展出让苏军望尘莫及的电子战能力。换句话说，这个时期美国通过抵消战略实施的军事革命已在一定程度上达成了对苏战略威慑这个目标。而 1991 年海湾战争展现出来的那些革命性的军事力量，很多也是美国第二次抵消战略背景下的项目开发结果。

中国军队在二十世纪七十年代开始关注美苏的技术和理论发展，并在二十世纪九十年代以后开始发展中国特色的军事革命。中国还自二十世纪九十年代起开始提出自己的信息化理论,不仅是军队信息化,也涉及整个社会方方面面的信息化,中国领导人对信息化的重视程度和国家信息化的发展速度是很多美国人没有预料到的。截至今日,中国社会的某些领域已在信息化程度上超过了美国。

而中国的快速发展很自然地引起了美国有关方面,特别是某些有浓重冷战心理的人的关注。例如在美国有关方面于 2012 年编写的题为《二十一世纪竞争战略:理论、历史与实践》的文集中,就有净评估专家基于中美各方面的战略不对称提出了各种竞争路线。

首先在军事方面,他们认为美国必须弥补西太平洋地区日益恶化的军事平衡,美军应确保在抵御中国的攻击之后仍能打击解放军的主要目标,使中国相信美国不会被迅速或轻易地击败,使盟友和伙伴相信美国的能力与决心。同时,美国还应引导中国将焦点放在反介入/区域拒止能力和台湾海峡等边缘地区,由此阻止中国将更多资源用于发展力量投送能力。另有专家强调,在军事方面加强美国的战区防御态势是任何有效战略的关键组成部分,美国必须抵消或淘汰中国兵力结构的关键组成部分。

其次在联盟建设方面,他们建议美国鼓励并协助建设中国周边美国友好国家的反介入/区域拒止能力,使中国在该地区的军事活动受到更多限制;建议美国应争取更多基地准入权,通过联合演训促进盟友之间的互操作性,充分利用联

盟的政治和军事优势。他们还认为美国应瞄准中国的国内
动态,利用中国内部稳定、经济表现等方面的弱点和不确定
性,促使中国将稀缺资源用于维持国内秩序而非军事建设。

美国在 2014 年提出的新抵消战略就是在此背景下出台
的,这次抵消战略锁定的潜在对手就是中国,而这次抵消战
略诞生的前提就是通过净评估活动分析中美双方的优劣势,
进而认识到中国在经济上和军事反介入/区域拒止能力上的
客观优势。

就总体来看,美国新抵消战略关注的重点问题是下一项
革命性科技的诞生,它对生产力和战争的影响,以及中美整
合现有技术和资源最大化军事能力的方式方法。或者说,新
抵消战略聚焦重要的竞争领域,试图通过强化美军和盟友的
技术优势抵消中国在反介入/区域拒止等方面的优势。

从以往的经验来看,抵消战略产生明显效果需要一个较
长的周期。例如七十年代启动的第二次抵消战略,直至二十
世纪九十年代之后才看到明显成效。因此,新抵消战略要见
到明显成效,按常规而言,可能要到 2030 年甚至 2035 年之
后。这一周期,甚至可能因为过去十年间美国政局有目共睹
的某种混乱而延长。

目前能够确定的是,美国在经济发展、技术开发、基础设
施建设、军队部署等诸方面,都采取了整合其盟友/友好国家
力量的办法。这是其在冷战时期对付苏联时轻车熟路的手
法。但与苏联不同的是,在经济方面,中国和美国这些盟友/

友好国家间,甚至和美国本身间,具有极其密切的经贸联系。而在军事技术方面,战略与预算评估中心 2014 年发布的新抵消战略纲领性文件《迈向新抵消战略:利用美国的长期优势恢复美国全球力量投送能力》中所列举的美国无人系统、远程空中作战、隐形空中作战、水下战、复杂系统集成与工程等五大长期核心优势能力,从近十年的实际情况(特别是在俄乌战场大量使用无人机的实践和中国首飞了第六代战斗机之后)来看,似乎也正在被中国慢慢打破甚至反超。

因此,美国针对中国的种种布局是否有效,还有待时间检验。

虽然不能断言净评估办公室决定了美国的对华战略,但它的确在这期间发挥了重要作用,它在二十世纪九十年代率先警告中国反介入/区域拒止能力对美军亚太兵力投送能力的威胁,新千年之初向国防部提议调整国防战略中对亚洲的关注程度,并建议军方为中国发起长期军事挑战做好准备,更重要的是早在冷战时期就已经在净评估的基础之上确立了"竞争战略"思想,并认为过去适用美苏之间的竞争逻辑,今天也可以用于中美竞争。

它从冷战走来：美军净评估历史与实践
（代后记）

一

净评估思想是冷战时期美苏长期战略竞争的直接产物，是美国国防资源紧缺与美苏和平竞争长期化背景下诞生的一种战略思维方式，它聚焦美国与竞争对手或潜在对手之间的军事平衡与发展趋势，力图发现双方在竞争中的不对称关系，通过合理有效的国防资源配置将竞争引入美国占据持久优势的领域，使美国把握竞争主动权，迫使对手陷于被动。

在冷战初期，美国的战略核力量、海军力量和军事研发能力都较苏联占据优势，但两国的竞争差距随着苏联的快速追赶逐渐缩小。越南战争的失败迫使美国对外政策转向战略收缩，在国防资源有限的情况下，如何在与日益强大的苏联的战略竞争中保持优势成为美国政府当时急需解决的问题。

1969年，美国国家安全顾问基辛格召集了"特别国防讨论小组"，时任国防高级研究计划局局长的赫兹菲尔德认为美国需要对其所面临的安全挑战有一个全面的认识，要了解美国在军事竞争中相较苏联所处的"战略位置"，包括对军事平衡和长期趋势的分析。次年，马歇尔向小组提交了《美苏兵力态势净评估》，对当时美苏地面部队、海军部队、战术空军、防空部队和战略进攻部队的军事力量平衡和趋势开展了初步评估，这也是第一次事实上的净评估。

1969 年 7 月，尼克松总统组织"蓝丝带"国防小组对国防部的组织和运作开展研究，经小组呼吁建立了一个直接向国防部长汇报的长期规划小组，将"净评估、技术预测、财政规划等"功能纳入其中，并将重点放在长远的未来而非国防部眼下的日常活动。其后再经发展和演变，终于在 1971 年 12 月成立了由马歇尔领导并隶属于国家安全委员会的净评估工作组，该小组于 1973 年转隶至美国国防部长办公室后正式成立了净评估办公室，运转至今。

尽管净评估活动已经在美国开展近半个世纪，但有关净评估的定义仍然众说纷纭。美国国防部指令第 5111.11 号《净评估办公室主任》将净评估定义为"对决定国家相对军事能力的军事、技术、政治、经济和其他因素的比较分析，其目的是识别出值得高层国防官员关注的问题和机会"。美国净评估专家更倾向于将其归为一项技能、一个学科或一种实践活动，其定义通常由几个突出的特征来框定。

首先，从方法论的角度出发，净评估侧重归纳分析，强调从大量证据资料中总结事实，属于实证研究范畴。与规范研究方法相比，净评估不拘泥于某个理论逻辑，也不会局限于单一的研究方法或模型，在定量研究层面理解军事平衡的同时更注重研究定性问题。另外，净评估侧重对态势及其影响因素的诊断，而不以政策假设和选择为先导。

其次，净评估是对国家、国家集团或地区和机构实体的优势与劣势平衡的双面或多面比较评估，其核心目的是从对优势与劣势的各方面比较中发现净差异，因此其基本特征是竞争性和不对称性。通过比较分析，评估者应辨识出竞争各方的关键差异，明确竞争各方的优势与劣势，由此才能通过发挥己方优势并利用对手的劣势，为己方创造战略机遇。同时，战略竞争的长期性特点要求净评估不能局限于当下，而要从二十年前的行为模式开始研究，并尝试向前展望五到十年以上，由此才能分析和正确认识竞争的发展趋势和各方优劣势随时间的变化。

最后，战略竞争多层次和多面性的本质决定净评估可以涵盖多个领域，具备跨学科的特点。在军事领域内，除了比较装备和弹药的数量及工程技术指标，净评估同时强调理解竞争各方作战概念、战备、训练和后勤等方面的差异。而在军事能力之外，净评估还会对影响军事平衡的经济和人口等要素开展分析。以上都是定性研究需要聚焦的问题，并且通常构成了竞争各方关键的不对称点。

虽然"净评估"这一术语由美国人发明创造，但在被有意识地列为专门学科并获得制度化发展之前，其思想本质就已经广泛存在于战略家的头脑中。虽然没有复杂的统计量化工具和成体系的心理学、组织行为学和决策研究支撑，但中国历史上杰出的战略思想家在分析敌我军事平衡时都显示出与净评估思想相似的分析原则，与净评估思想有共通的思维特征。

其中，《孙子兵法》在《始计篇》中就提到在发动战争之前应在战略层面"经之以五事，较之以计，而索其情"，即从国内政治、气候条件、地形地势、将领素质和军事制度五个方面分析敌我双方的情况来预判战争的胜负。同时，在作战时讲求"攻其不备，出其不意"，这与净评估思想利用敌我双方的不对称性有异曲同工之妙，只有以"有备之师待无备之师"才能取胜，因此必须做到知己知彼才能掌握战争主动权。

《孙子兵法》还在兵力多寡之外言及军事制度、军政关系和国内政治等其他影响战争胜负的重要因素。事实上，在中国和西方的经典战略思想中对敌我力量的比较从来都是物质与非物质要素并重，从这个角度来看，净评估思想正是通过强调军事组织、作战概念和国家领导等不可量化要素，弥补并纠正美国二战以后过于看重武器技术和量化分析模型的问题倾向的战略思维方式。

毛泽东也在《论持久战》中驳斥了"唯武器论"的观点，他同样反对以武器技术和数量为唯一评价标准，而认为应同时考虑作战方式、军官素养、国防动员和军队组织等要素，并在军事能力之外充分运用政治和外交宣传等影响战争进程的手段。另一方面，毛泽东在论著中通过对中日双方军事平衡的多要素比较分析发现其中的不对称关系，得出对双方优势和劣势的静态评估，并置之于长期趋势进行比较，提出能发挥己方优势、消磨敌方优势并规避己方弱点和攻击敌方弱点的战略与作战方式，最终得出抗日战争是持久战，胜利属于中国的结论，这其实也是对净评估思想的本质运用。

虽然中国战略家从未给予此类与净评估相似的战略思维方式以单独命名，但它无疑曾指导中国历史上的战争行为。然而，这种思维方式不应仅局限于直接指导战争，还应在非战争时期得到制度化的继承，应以更多由现代学科理论支撑的定性和定量研究手段，来丰富并巩固其分析论证能力。只有在非战争时期同样清晰准确地认识己方与对手的军事平衡和长期趋势，才能把握军事能力发展方向并合理分配有限的国防资源，在争取掌握不对称优势的基础上充分发挥军事力量的威慑作用，综合非军事手段达成战略目标，并在冲突爆发时确保国家的安全与生存，真正做到居安思危和未雨绸缪。

二

在正式开展净评估活动的半个世纪里，美国国防部净评估办公室一直致力于洞察美国的国际竞争环境，寻找美国的优势和对手的劣势，发现或创造能使美国在长期竞争中保持领先地位的战略机遇。

回顾这半个世纪，美国战略与预算评估中心的克雷平内

维奇等人认为净评估思想对美国国家战略的制定有三次重
大贡献。

第一次重大贡献：净评估思想帮助美国在美苏长期竞争
中确定了美国的战略机遇和风险，从而帮助美国赢得了冷战
的胜利。例如，根据调研，马歇尔认为苏联的经济总量仅占
美国的 25%—30%，而军事开支占国内生产总值的比例可能
高达 40%。他认为西方经济体制的生产力和适应性较苏联
的计划经济更具优势，美国可以通过进一步加重苏联的经济
负担来塑造美国的持久优势。通过评估分析，他还发现苏联
极其看重发展国土防空力量，美国可就此通过强化对苏联空
域的进攻能力促使后者加倍建设防空能力，在资源紧张的前
提下，苏联会相应减少对其他威胁美国利益领域的投入。

这一净评估思想在美国国防部长温伯格 1986 年提出的
"竞争战略"中得到了集中体现，他公开发表文章认为只有同
时利用美国的优势和对手的弱点才能实现威慑，并应以特殊
的竞争优势为指导重建美军。他还特别指出通过强化轰炸
机的低空突防能力可以迫使苏联将大量资源用于发展防空
能力，而发展反潜能力可以迫使苏联海军留在本土附近保护
其战略核潜艇部队，由此引导苏联增加防御投入并减缓进攻
能力的发展。

这是净评估思想对美国和平时期大国竞争战略的第一
个重要指导，即当美国与势均力敌的苏联开展长期竞争时，
要在发掘双方不对称关系的基础上，借由特定方向的资源配

置将竞争引向美国占据持久优势的领域，并利用对手的持久弱点，在长期竞争过程中限制对手的战略选择空间，使之落入被动应对的保守姿态，而美国则由此掌握竞争主动权。

第二次重大贡献：净评估思想认识到未来战争中作战方式的变革。二十世纪八十年代后期，苏联提出的军事技术革命吸引了有关方面的注意，就此开展的评估活动证实先进技术特别是信息技术和远程精确制导武器正引发战争性质的革命性变化，信息战和侦察打击能力将是未来战争的主要决定因素。二十世纪九十年代初期，净评估办公室在评估"军事革命"会发生什么样的转型时，于 1992 年发布的《军事技术革命：初步评估》和 1993 年发布的《军事革命浅见》两份评估报告中认为：军事革命由新技术及其在军事系统中的应用，创新的作战概念和组织调整四个方面构成。报告呼吁美军遂行重大改革，在应用先进军事技术的同时发展新的作战概念和军事力量结构。这引发了美国政府内外广泛的讨论和研究，从而成为美国军事变革的出发点。

不仅如此，这两份评估报告还预见了新技术扩散给美国海外力量投送带来的挑战——随着对手进一步掌握远程精确打击能力，美国海外基地和航母舰队将因为缺乏机动性和隐蔽性逐渐失去优势。为应对对手的反介入/区域拒止能力，美国空军和海军于 2009 年共同发展了名为"空海一体战"的创新性作战概念。2014 年得到美国国防部重视的第三次抵消战略同样强调通过军事技术、作战概念和组织结构的跨越式发展继续维持美军的海外优势，军事技术的发展重点包括无人系统、远程空中作战、隐身空中作战、水下战、复杂系统集成与工程等，这其实也是军事革命在新的技术趋势和竞争环境下的又一轮发展。

简言之，净评估思想对美国非战争时期的第二个指导作用在于推动了军事理论/作战概念创新与军事技术创新并重的军事革命理论的发展，不仅激发了美军设计新作战样式的创造力，还有助于洞察新兴技术的军事应用潜力，使美军在开发新概念的同时能够充分利用美国的先进技术优势。这意味着美国更有可能主导未来战争形态的发展，不仅可以在非战争时期维持军事威慑，还能在冲突情况下确保战场优势。

第三次重大贡献：在二十世纪八十年代末九十年代初，当美国各方普遍期待中美关系基于共同经济利益而和平发展之时，马歇尔就已经将中国确定为潜在的战略竞争对手。早在1987年递送给国防部的备忘录中，马歇尔就指出国防部各工作小组仍主要聚焦美苏竞争和欧洲地区，却对中国崛起带来的结构变化缺乏认知。

冷战结束后，美国相较其他国家拥有绝对的经济和军事优势，聚焦长期竞争的净评估思想似乎失去了用武之地，而马歇尔则认为冷战后的净评估活动应以竞争环境的预期变化（特别是那些可能削弱或抵消美国军事优势的变化）为重心。在2001年向时任国防部长拉姆斯菲尔德提供的国防战略评述中，马歇尔认为美国应继续维持和扩大军事优势，阻止或推迟主要竞争对手的出现，他尤其将崛起的中国视为未来的重要安全挑战，并早在二十世纪九十年代末期开始就大量资助对华研究，使之成为净评估办公室在新世纪的主要研究方向之一。

虽然"9·11"事件发生后美国的战略焦点发生转移，与国家级潜在对手的长期战略竞争一度被置于次要地位，但净评估思想在冷战后仍引导美国在独霸世界并占据绝对优势时保持战略警惕性，从长期趋势看待一时获得的优势地位，通过多要素分析预见美国优势在未来可能受到的挑战，并为维持竞争优势持续做好准备。

净评估思想的支持者无疑是坚定的现实主义者，他们研究关注的重点既是和平时期的大国竞争，也是战争间隔期的战争准备。一方面他们追求在大国竞争过程中保持低水平的和平状态，同时始终置对手于下风，直至对方失去战略信心而放弃竞争。另一方面对大国战争的高度警惕也是他们不断找寻潜在对手并尽早发起竞争的原始动力，他们中的很多人都认同这样一种观点，即无论多久的和平都是战争的前夜。

2020年5月，白宫在其发布的《美国对中华人民共和国的战略方针》文件中承认：在有原则的现实主义指导下，美国正处于与中国的战略竞争中。

今天，历史的巨轮正驶向一片新的现实主义迷雾，以中美为主角的大国竞争时代，正逐渐从这片迷雾中显露出自己的身影。